KB150284

첨삭! 현장탐방기사

첨삭! 현장탐방기사

2024년 5월 20일 초판 1쇄 발행
지은이   김문환

펴낸이   권혁재

편 집   권이지
교정교열   천승현
디자인   이정아

인 쇄   성광인쇄
펴낸곳   학연문화사
등 록   1988년 2월 26일 제2-501호
주 소   서울시 금천구 가산디지털1로 16 가산2차 SKV1AP타워 1415호

전 화   02-6223-2301
전 송   02-6223-2303
E-mail   hak7891@chol.com

ISBN   978-89-5508-692-8 (13070)

첨삭! 현장탐방기사

김문환 지음

학연문화사

첨삭! 현장탐방기사

단풍이 곱게 물들던 지난 가을. 전화벨이 울렸다. 한국언론진흥재단 교육담당자다. [지역언론인을 위한 지역 특화 기사쓰기] 특강 의뢰. 주저 없이 받아들였다. 30년도 훌쩍 넘은 80년대 말이 생각나서다. 새내기 기자로 헤매기만 하던 그 시절. 마감 시간에 쫓기는 오전 석간신문 편집국은 시장바닥이 따로 없었다. 기자들이 골머리를 짜내며 뿜어대는 뿌연 담배 연기에 너구리도 돌아설 지경이랄까. 새내기 기자의 시야를 더 흐리게 만든 것은 기사 작성에 대한 막막함. "이것도 기사라고 썼느냐"는 데스크의 고성과 함께 허공을 가르며 떨어지는 원고지들... 고개 숙이고 주워 모아 다시 쓰던 때로부터 40년 가까이 흘렀지만, 아직도 기사작성은 두렵다. 하물며 새내기 기자들은...

강의를 1, 2차로 나눴다. 1차 강의는 현장탐방(探訪) 기사작성 일반, 2차 강의는 기자들이 쓴 현장탐방기사 첨삭. 강의를 들은 기자 14명이 탐방기사를 써냈다. 필자가 경험을 바탕으로 정리한 현장탐방기사 작성법에 따라 첨삭한 내용을 들려줬다. 그렇게 강의는 끝났다. 정신없이 학기를 마치고 곰곰 생각해 봤다. 묵혀두기 아까웠다. 교육용 쓰임새가 크다. 전국 각지의 현역 새내기 기자들이 작성한 생생한 현장탐방기사 아닌가.

독자들은 보도자료에 기반한 정형화된(stereotyped) 언론 기사에 식상한 지 오래다. 언론이 독자적으로 취재한 새롭고, 흥미로운 현장기사에 갈증을 느낀다. 기자들은 현장을 있는 그대로 세밀화처럼 묘사하는 탐방기사로 독자의 마른 목을 축여 준다. 현장탐방기사, 일명 르포르타쥬(Reportage, 르포) 기사는 크게 두 종류다. 현장의 특징을 찾아 흥미롭게 묘사해주는 트렌드, 경향성 스케치. 그리고, 현장 특징 묘사를 넘어 그 의미를 분석하고 문제나 대안을 찾는 심층 기획물이다. 심층기획 현장탐방기사는 저널리즘의 꽃이라 부를만하다.

새내기 기자들이 쓴 현장 탐방기사 11개를 골라 책을 내는 목적은 4가지다. 첫째, 새내기 기자 탐방기사 작성 교육. 둘째, 기자 지망생 실무시험 준비. 셋째 블로그 등 SNS 활용. 과거 『취재기사작성법(2019)』에서는 이 세 가지가 목표였다. 이번에는 하나 추가다. 기업 입사시험 준비. 작문이나 보고서 작성 때 탐방취재와 기사작성법을 원용하면 유용하다.

책의 얼개는 두 부분으로 짰다. 1장은 현장 탐방기사 작성에 필요한 일반 원칙을 담았다. 2장은 11개 기사 첨삭을 다뤘다. 익명 처리한 11개 기사를 단순 스케치에서 심층 기획까지 난이도 순서로 실었다. 필자의 첨삭 수정 기사를 먼저 넣고, 기자의 기사원문을 작은 글씨로 덧붙였다. 수정 기사에서 줄 친 부분은 삭제, 붉은색 글씨는 필자가 추가한 내용이다. 총평은 각주로, 취재와 기사작성과정에 익혀야 할 요점은 메모로 달았다. 여기서 제시하는 필자의 스타일은 정답이 아니라 하나의 참고사례일 뿐이다. 그래도 현장취재나 탐방기사 작성에 어려움을 느끼는 새내기 기자, 기자 시험 준비 학생, SNS에 활용하거나 기업체 입사 작문에 활용하고픈 이들이 꼼꼼히 익혀두면 하나의 기준점, 딛고 설 받침돌이 될 수 있겠다. 2023년 10월, 11월 강의 기회를 마련해준 한국언론진흥재단 최복동 과장님께 고마운 마음을 전하고, 귀한 시간 함께 해준 전국 각지 새내기 기자님들의 왕성한 기자활동을 기원해 본다.

2024년 2월 북악산 자락에서

1장.
현장탐방기사
작성법

1. 저널리즘과 저널리스트

저널리즘(Journalism)은 무엇인가? 1987년 12월 1일 기자가 돼서 40년 가까이 현장을 취재하고, 기사를 쓰고, 뉴스를 만들고, 교육 활동에 종사하지만 여전히 답하기 어렵다. 경험을 기반 삼아 언감생심 나름 정의를 내려봤다. ①사실(Fact, 진실 여부를 최대한 확인하는 과정을 거친 사실)로서 ②새로운(New) ③정보(Information, 쓸모 있는 정보)를 ④말, 글, 영상으로 ⑤전달하는 행위를 저널리즘이라고 본다. 일반적인 기사나 뉴스가 여기에 해당한다. 나아가, ①사실(Fact, 진실 여부를 최대한 확인하는 과정을 거친 사실)로서 ②새로운(New) ③정보(Information, 쓸모 있는 정보)에 대한 ①시시비비(是是非非 옳고 그름)를 ②말, 글, 영상으로 ③전달하는 행위 역시 저널리즘의 영역에 속한다. 논설이나 사설, 해설, 논평 등이 이에 포함된다. 신문이나 잡지 인터넷, 유튜브나 종편, 지상파 라디오나 지상파 TV에 나오는 기사나 뉴스를 놓고 진정한 저널리즘인지 논쟁이 뜨겁다. 이 잣대로 평가하면 저널리즘과 프로퍼갠더 혹은 가짜뉴스의 경계를 구분할 수 있다.

저널리스트(Journalist)는 누구인가?

앞서 정의한 저널리즘을 수행하는 주체다. 저널리스트의 가장 중요한 조건은 새롭게 등장한 정보가 진실인지를 책임지고 확인하는 자세다. 정확한 취재다. 둘째 조건은 이성적 판단 능력. 정확한 취재로 진실에 부합한다는 판단을 내리면 그 진실한 정보가 시민사회에 유용한 정보, 즉 공익에 부합하는 정보인지를 판단하는 이성적 사고력이 필요하다. 그래서 저널리스트는 '나혼자 산다'의 지리산맨이면 곤란하다. 필부필부, 장삼이사들이 살아가는 저잣거리 상식에 공감할 줄 알아야 한다. 나아가 인권이나 민주주의, 약자 보호, 권력 감시, 국제호혜의 다문화 같은 시대정신에 부합하는 정보인지 가릴 수 있는 분별력이 요구된다. 세 번째 저널리스트의 조건은 공정성이다. 상당수 정보는 입장을 달리하는 두 개 혹은 그 이상의 주체가 맞선다. 따라서 다양한 주체들에 대한 공정한 접근이 필수적이다. 1.진실을 찾는 정확한 취재, 2.유용한 정보를 가리는 이성적 판단, 3.균형을 갖춘 공정한 접근. ICT 기술 발달에 따라 만인 미디어 시대가 열렸다. 누구든지 유튜버로 블로거로 저널리스트 역할을 맡는다. 그러나, 진정한 저널리스트로 불리려면 위의 3가지 조건을 갖췄는지 스스로 돌아볼 일이다.

2. 발생기사와 기획기사

저널리스트가 수행하는 일은 두 종류다. 문자를 주로 활용하는 기사작성과 영상을 주로 활용하는 뉴스제작이다. 이 책은 기사작성을 다루므로 뉴스제작은 다른 책에서 살펴보겠다. 문자를 주로 활용하는 기사는 크게 둘로 나뉜다. 발생기사(Straight)와 기획사(Feature)다. 1.발생기사는 하루에도 무수히 벌어지는 사건사고, 발표, 쏟아지는 보도자료를 중요 내용 중심으로 정리하는 기사다. 속보 형식이다. 새롭게 알려진 진실된 정보를 논리적 스토리텔링으로 전개하는 내용 중심 기사다. 따라서 영상의 비중이 낮다. 2.기획기사는 발생기사나 현안의 의미를 심층적으로 다루는 기사다. 자료만 분석해

쓰는 기사와 현장취재를 기반으로 쓰는 기사로 나뉜다. 후자, 현장취재 기획기사가 현장탐방기사 일명 르포르타쥬(Reportage, 르포)다. 발생기사나 자료 기반의 기획기사는 현장을 기반으로 하지 않는다. 현장에 기반한 현장탐방 기사는 언론사 혹은 기자의 시각을 반영할 수 있어 저널리즘의 꽃이라 불린다. 현장탐방기사는 생생한 현장 탐사를 기반으로 하기 때문에 현장 에피소드를 중심으로 전개된다. 따라서 영상 비중이 높다. 비록 TV 뉴스가 아니더라도 영상 이미지 즉 사진의 의미가 상대적으로 크다.

3. 현장탐방기사 취재 과정

현장탐방기사는 기획부터 취재, 기사작성까지 다음 6단계를 거친다.

1) 소재 선정-시의성, 정보성, 화두성(문제 제기)
2) 사전 취재-정확한 자료 확보(인터넷 검색, 전화 취재)
3) 섭외-인터뷰 대상자, 현장 미장센(사진 촬영용)
4) 사전 구성-1차 가기사 작성(4문단)
5) 현장 취재-사진 촬영(아이캐처), 분위기 취재, 인터뷰
6) 기사 작성-2차 본기사 완성

1) 소재 선정-시의성, 정보성, 화두성(문제 제기)

현장탐방기사는 기획기사다. 기획과정에서 제일 중한 것은 소재 선택 이다. 저널리즘이란 무엇인가에서 정의한 잣대를 갖고 소재를 고른다. 시의성. 즉 기사화될 시점에 사람들이 관심을 가질 소재인지 여부를 시의성이라고 한다. 가령, 7월 17일 제헌절을 앞두고 6월중 기획회의를 열었다고 치자. 법치가 무너지는 현장을 탐방취재해 법치의 소중함을 되새기는 기사를 7월 17일 제헌절에 쓰자고 결정한다. 기사를 준비하는 시점은 6월이지만, 7월 17일 기사가 나가는 시점에 독자들이 관심을 가질만한 소재인가 여부, 7

월 17일이라는 제헌절에 부합하는지가 시의성이다. 법치에 대한 관심을 불러일으키고, 인권과 민주주의를 더욱 확고하게 세워나가는 데 도움이 된다면 더없이 좋은 기사다. 유용한 정보이자 사회적 화두에 답하는 소재다.

2) 사전 취재-정확한 자료(인터넷 검색, 전화 취재)

소재를 고르면 인터넷 검색이나 다양한 자료 검색, 그리고 전화 취재를 통해 기본 자료를 확보한다. 이를 통해 "그러할 것"이라는 가정이 사실로 확인되면 소재확정이다. 사전 취재 과정에 가정과 다른 점이 밝혀지면 소재로서 가치가 사라진다. 사전 취재는 가정 확인을 넘어 기사작성에 필요한 기본 내용(글감)을 모으는 단계이기도 하다. 동시에 현장에 가서 무엇을 취재하고, 누구를 인터뷰하며, 어떤 문제점을 들춰내고, 어떤 대안을 내야 하는지… 현장 취재 계획서를 짠다.

3) 섭외-인터뷰 대상자, 현장 미장센(사진 촬영용)

사전취재 과정에 섭외도 동시 진행한다. 취재원에게 인터뷰 약속을 잡고, 인터뷰에 응하지 않는다면 사전 취재 때 확인한 내용을 기사작성에 활용한다는 확약을 받아 둔다. 다시 전화를 걸거나 취재하는 번거로움을 덜어낸다. 섭외와 동시에 사진 촬영 협조 요청도 필수다. 현장에서 어떤 사진을 촬영할 수 있는지 확인하는 동시에 사진 촬영이 가능하도록 협조를 얻는다. 가령 늦가을 감을 따서 곶감을 말리는 농촌 마을 현장탐방기사를 작성한다고 하자. 언제 가야 사진 촬영이 제일 좋은지, 사진 촬영에 필요한 요청도 해둔다. 현장탐방기사에서는 현장의 생생한 사진이 기사 설명력을 높여준다. 독자의 관심을 고조시키는 아이캐쳐 확보가 필수다.

4) 사전 구성-1차 가기사 작성(4문단)

섭외까지 끝나면 현장 취재를 나가기 전에 가기사를 쓴다. 기사작성은 기승전결의 4문단 작성법에 따른다. 50% 내외의 완성도를 가진 가기사를 작성해 두면 현장 취재를 효율적으로 진행할 수 있다. 현장에서 필요한 부분만 취재하면 돼, 취재의 품을 던다. 가기사 없이 현장에서 맨땅에 헤딩하는 식으로 붙으면 현장에서 헤매기 십상이다.

5) 현장 취재-사진 촬영(아이캐처), 분위기 취재, 인터뷰

현장에 도착하면 일단 사진부터 찍는다. 현장탐방 기사의 설명력을 높이는 1등 공신은 사진인 경우가 많다. 그런데, 현장 상황은 수시로 바뀌기 일쑤다. 날씨 영향, 맑고 흐림, 태양광선의 영향, 또 사람들의 많고 적음... 변화무쌍하다. 따라서, 기사 내용에 적합한 최상의 장면을 담아내기 위한 사진 촬영에 우선 공을 들인다. 이어 현장 분위기를 세밀하게 취재한다. 마치 그림을 그리듯 섬세한 묘사로 현장 분위기를 담는다. 이어 현장 관계자나 사람들을 직접 인터뷰하며 가기사에 있는 내용을 확인 또는 보강한다. 취재하다 보면 가기사 작성과정에서 몰랐던 새로운 사항들이 나오기 마련이다. 그런 내용을 가기사에 추가하며 현장에서 기사를 지속적으로 수정해 나간다. 물론 현장에서 기사를 쓸 수는 없고, 새롭게 취재한 내용을 어느 부분에 어떻게 넣을 것인지 표시 또는 메모해둔다.

6) 기사 작성-2차 본기사 완성(현장탐방 취재 기반)

취재를 마치면 돌아와서 기사를 완성한다. 이 부분은 뒤에 다시 자세히 다룬다.

4. 현장탐방기사와 아이캐처

현장탐방기사에서 사진이 왜 중요한지 그 이유를 이론적으로 간단하게 정리해 보자. 이미지 즉 사진은 '감성(sensibility)'과 관련된다. 영상을 보면 가슴 속에서 감성부터 움직인다. 칸트는『순수이성비판』에서 "대상이 주어지는 것은 감성에 의해서... 대상이 사고되는 것은 지성... 감성은 표상을 받아들이는 능력(수용성)"으로 규정한다. 포괄적이고, 거시적이며 긍정과 부정을 초월하는 감성의 일부가 감정(feeling)이다. 감성의 일부로서 감정은 부분적, 미시적, 구체적이며 특정한 상황에서 긍정이나 부정의 의미를 갖는다. 사람들은 다양한 커뮤니케이션 상황에서 이성, 논리보다 감정에 의존한다(Slovic, Finucane, Peters, & MacGregor, 2007). 미디어 보도내용 역시 논리 프레임보다 감정 프레임일 때 커뮤니케이션 효과가 더 크고, 감정 전달 서술이 그렇지 못한 서술보다 커뮤니케이션 효과가 크다(Iyengar, 1991).

롤랑 바르트는 영상 이미지를 통해 가슴이 뻥 뚫리는 것처럼 영향받는 상태를 푼크툼(Punctum)이라고 정의했다. 독자들이 기사를 읽으면서 가슴이 뻥 뚫리는 것 같은 감정 푼크툼을 일으키는 것은 사진에 힘 입는 바 크다. 극심한 불황으로 문을 닫는 상가 현장 탐방기사를 쓴다고 하자. 글로써 현장을 묘사해서 상황을 전달하지만, 그에 앞서 셔터 내린 상가들 사진 한 장, 아이캐처에서 감정이입이 극대화된다.

5. 현장탐방기사 작성 3단계

이제 3단계 기사작성으로 들어가 보자.

1) 제목
2) 리드
3) 본문 3단계

1) 제목
기사가 전달하는 핵심 메시지를 담는다. 제목만 읽고도 해당 기사가 전달하려는 의미를 파악할 수 있어야 한다. 이건 독자 입장이고. 글을 쓰는 기자입장에서 제목은 나침반이다. 글이 잘 진행되지 않을 때 제목을 보고 방향성을 찾으면 수월하게 글을 써나간다. 제목은 짧을수록 좋다. 정보 홍수시대 어렵고 긴 제목의 기사는 외면받는다. 짧을 때 눈에 쏙쏙 들어온다. 제목은 광범위하고 추상적인(abstract) 표현보다 범위를 좁혀 구체적인(concrete) 내용으로 표현할 때 전달력이 더 크다. 구체적이어야 독자가 읽고 싶은 충동을 느낀다.

2) 리드

2종류로 나뉜다. 먼저, 기사의 맨 첫 문장을 리드로 보는 경우다. 이때 리드는 해당 기사의 가장 중요한 핵심과도 같은 내용을 적는다. 두번째 리드는 서너 문장으로 기사의 취지를 설명하는 경우다. 현장탐방기사의 경우 대개 심층 기획물이거나 현장을 공들여 직접 취재한 기사다. 따라서, 이 기사를 왜 소재로 골랐고, 무엇을 파고든 취재인지 서너 문장으로 적어주면 기사의 취지와 방향성을 이해하기 쉽다. 이렇게 별도 문단으로 리드를 쓸 때 기사가 더 품격 있어 보인다. 독자들의 관심도 더 높아진다.

3) 본문

이제 기사 본문을 다뤄보자. 필자는 앞서『취재기사작성법(2019)』에서 기사작성 시 'MPD'를 강조했다. 무엇을 독자에게 전할 것인가의 메시지(Message), 구성(Plot), 묘사(Description)다. 무엇을 전달할 것인지, 메시지 즉 핵심주제가 정해지면 이를 어떤 방식의 스토리텔링으로 풀어낼 것인가의 문제 즉 구성(構成, plot)이 다음 과제다. 기사작성은 구성이라고 해도 과언이 아니다. 술술 잘 읽히는 기사 여부는 현장 취재한 글감들을 어떻게 배열하느냐의 구성에 달렸다. TV뉴스나 영상작품만이 아니다. 글 기사도 마찬가지다.

글을 쓸 때 구성의 문제는 고대 그리스 아리스토텔레스로 거슬러 올라간다. 그는『시학(詩學)』에서 다음과 같이 언급한다. "작은 생물은 아름다울 수 없다. 순간적인 지각이기 때문이다. 너무 큰 생물도 아름다울 수 없다. 한 번에 관찰할 수 없고, 통일성과 전체성이 시야에 들어오지 않기 때문이다". 그러면서 구성은 "사건의 결합이요, 크기와 질서"라고 정의한다. 1)결합, 2)크기, 3)질서다. 1)결합이라는 개념은 이해하기 쉽다. 기사작성은 공들여 취재한 다양한 글감을 합치는 작업이니 결합이다. 2)크기. 기사를 얼마나 길게 할 것인가의 문제. 이는 허용된 지면 크기나, 분량에 따르면 된다. 관건은 3)질서다. 글감들을 일정한 분량으로 결합하되 어떤 질서를 부여할 것인가? 어떤 구성의 스토리텔링을 해야 전달 효과가 가장 클까? 쉽게 생각하는 것이 좋다. 많이 들어봐 익숙한 기승전결(起承轉結)을 원용해 4문단 기사 작성법을 제시한다.

1문단(기)=도입부-현장 사례(특정 현장), 묘사(설명 아닌 스케치)
2문단(승)=전개부-수치, 통계, 전체 상황(전체 실태 설명)
3문단(전)=심화부-배경,특징, 장점..성격규정(규명)
4문단(결)=결론부-전망, 개선점(제안)

4문단을 조금 풀어서 다시 설명하면 1문단(기)은 독자를 현장으로 안내하는 역할을 맡는다. 전달하고 싶은 상황을 상징적으로 보여주는 특정한 현장으로 독자를 모셔가는 거다. 그리고, 그곳을 있는 그대로 보여준다. 마치 그림 그리듯이 말이다. 화가가 풍경화 스케치를 상상으로 그리지 않는다. 꼼꼼한 관찰의 결과를 세밀한 붓끝으로 옮겨놓는다. 묘사다. 기사도 마찬가지다. 기자가 직접 눈으로 관찰한 내용을 더하고 뺄 것 없이 독자의 눈으로 옮겨준다. 역시 묘사다.

2문단(승)은 특정 현장의 묘사를 이제 일반화시켜주는 단계다. 이제는 설명한다. 일반화를 실현할 가장 적절한 방법은 수치화다. 몇 %라는 비율이 나오면 좋고, 단순한 숫자라도 독자의 공감을 얻을 수 있는 수준의 숫자를 제시하면 일반화의 효과를 얻는다. 숫자로 제시하기 어려운 사안이라면 현장을 더 자세하게 보여주거나 다른 현장을 보여주면 된다.

3문단(전)은 이제 일반화된 현상의 특징은 무엇인지 그 성격을 규정하는 단계다. 장점이나 맹점이 무엇인지 찾아낸다. 나아가 그런 장단점이 나온 배경, 원인을 규명해 준다. 현장탐방기사의 핵심 부분이다. 이 단계를 지나면 이제 답은 자명해진다. 결론을 내면 된다.

4문단(결)은 현재 상황이나 실태가 어떻게 흘러갈지 전망한다. 부정적인 측면이 있다면 대안을 내놓는다. 부정적 측면이 없더라도 발전 방안을 제안한다. 이러한 4단계 구성의 스토리텔링을 통해 효율적으로 메시지를 전달할 수 있다. 그리고 전달 효과 극대화는 이제 구체적인 문장 표현력에 영향받는다.

6. 기사작성시 문장 표현

필자는 『취재기사작성법(2019)』에서 쉽게 잘 읽히는 기사를 위해 6가지 원칙을 제시했다. 여기에 둘을 추가해 8가지로 재정리한다.

첫째 간결체 문장. 기사는 정보를 전달하거나, 현상을 이해시키는 목적을 갖는다. 문장을 읽고 또 읽으며 감성으로 받아들이는 소설이나 수필과 다르다. 문장이 길면 독자들의 이해도가 낮아진다. 짧을수록 이해도가 올라간다. 그 방법은 불필요한 수식을 줄이는 거다. 문장이 늘어지지 않는 지름길이다. 특히 체언에 붙는 수식절을 별도 문장으로 나누면 긴 복문을 간결한 단문으로 바꾸기 쉽다.

둘째 능동형 문장. 다양한 내용을 다루다 보면 능동, 피동, 수동형 문장을 골고루 구사할 수밖에 없다. 다양성 차원에서 긍정적 측면이 크다. 하지만, 가능한 능동형 문장으로 쓸 때 가독성이 높아진다. 능동형 기사에 힘이 더 실린다.

셋째, '이다'체와 '하다'체의 탈피다. 한국어의 대부분은 명사+하다(한다, 했다), 명사+이다(있다. 이었다, ~고 있다, ~수 있다)로 쓰면 편리하다. 그런데, 편리함과 익숙함에 이렇게만 쓰면 술어가 단순해진다. 표현의 다양성이 떨어진다. 독자는 글이 단조롭다고 느낀다.

넷째, 가능하면 문장마다 다른 형용사와 동사 어미를 쓴다. '이다'체와 '하다'체에서 벗어나는 지름길이다. 다양한 표현능력을 보여주는 동시에 지루함을 덜어준다.

다섯째, 묘사에서 현재형 어미를 쓴다. 과거 취재한 내용을 적기 때문에 묘사에서도 과거형 어미를 흔히 사용한다. 과거형이나 현재형 어미 모두 무방하다. 하지만, 현재형 어미로 읽을 때 임장감. 즉 현장에 함께 있는듯한 생생한 느낌을 받는다. 따라서, 묘사는 가급적 현재형을 고민해볼 필요가 있다.

여섯째, 새로운 단어. 많이 쓰는 단어보다 신선한 느낌의 단어들을 많이 찾아두었다가 활용한다.

일곱째, 현장 인터뷰 대상자 신원 밝히기와 인터뷰 내용에 인용부호 " " 쓰기. 현장탐방기사는 현장의 다양한 목소리를 반영하는 게 중요하다. 인터뷰에 응한 인터뷰이의 이름과 나이, 간략한 주소등을 적어주는 게 좋다. 아울러 인터뷰한 내용은 반드시 인용부호 " "를 써 기자의 기사가 아닌 현장 관계자의 말임을 확인시켜줘야 한다.

여덟째, 다양한 수사법 활용. 발생 기사(스트레이트)와 달리 문장력을 요구하는 현장탐방기사에서는 1)비유법으로 은유법, 직유법, 대유법, 풍유법 그리고 2)강조법으로 설의법, 영탄법, 열거법, 점층법, 연쇄법등을 적절하게 쓰면 더 고품격에 맛깔스러워진다.

2장.
현장탐방기사
첨삭실례

1. 무등산 인왕봉 ~~개방~~... 57년만에 시민 품으로*

comment

제목에 굳이 개방을 쓰지 않아도 '시민 품으로'라는 표현에서 개방됐다는 것을 알 수 있다. 제목은 가급적 짧게 쓰는 게 좋다.

이른 아침부터 전국에서 탐방객 몰려
탁 트인 광주 도심 풍경에 감탄사
군부대 후문옆 가림막 설치 아쉬움
"3개 정상부 온전한 모습 되찾길"

"정상에 오기까지 힘들었지만, 전망을 보니 ~~힘들게 다~~ 날아갈 ~~거~~는 기분이에요."

~~무등산 정상 상시개방 첫날인~~ 지난 23일 오전 무등산 서석대 ~~일원, 전국각지에서 무등산 정상을 오르기 위해 수많은 시민들의 발길이 이어졌다.~~
~~인왕봉 직전 코스인 이곳에는~~ 이른 아침부터 전국 각지에서 모인 탐방객들로 인산인해를 이뤘다. ~~무등산 정상을 오르기 위해~~ 초등학생부터 대학생, 중장년까지 다양한 연령층의 사람들이 ~~모여 가을 산의 정취를 만끽하고 있었다.~~

~~탐방객들은~~ 우뚝 솟은 인왕봉 정상을 바라보며 ~~커다하는~~ 설레임 가득한 표정을 지었다.

마침내 개방시간인 오전 10시. "하나, 둘, 셋" "와~~" 함성과 ~~구호와~~ 함께 인왕봉 등산로를 가로막 ~~고~~ 있던 나무 울타리가 헐렸다. ~~를 철거하며~~ ~~크~~ 오랫동안 이날을 손꼽아 기다렸던 탐방객들은 들뜬 마음으로 정상을 향해 발걸음을 옮겼다 ~~정상으로의 길이 시민들에게 돌아왔다.~~

* 총평: 제목과 소제목이 적합하다. 기사 흐름도 자연스럽다. 하지만, 표현이 정교, 적확하지 못하다. 어법에 맞지 않는 부분도 여럿이다. 인터뷰 내용도 깔끔하게 전달하는 표현력을 길러야 한다.

인왕봉 전망대까지 가파르고 위험한 오르막길이 ~~맞아하고~~ 있었었지만 ~~무등산 정상을 오르는~~ 시민들은 힘든 기색 ~~하나~~ 없이 한발 한발 내디뎠다~~정상으로 향하고 있었다.~~

전망대에 오른 ~~도착한~~ 시민들은 "드디어 도착했다"며 ~~소라치며~~ 감격어린 인사말을 주고 받았다~~하는 표정을 짓기도 했다.~~

광주시에 ~~커주하시는~~ 김연우 군(17)은 "오늘 ~~산을~~ 처음 ~~으로~~ 올랐는데 ~~정상까지 오는 건~~ 매우 힘들었지만, 정상에서 광주시를 한눈에 내려볼 수 있어 ~~마음~~가슴이 뻥 뚫렸다"며 "앞으로도 계획된 다른 봉우리~~정상~~들도 개방하게 ~~된다~~면 반드시 다시 오를 것~~이다~~"이라고 말했다. 환한 얼굴에 웃음꽃이 피었다. ~~고 말하며 환한 미소를 지었다.~~

comment

상황에 맞는 좀더 적확한 표현을 찾는 노력이 필요하다.

~~하지만 모든 정상이 개방한 것이 아니라 인왕봉만 우선적으로 개방하다 보니 군부대 보완을 위해 부대 후문 옆부터 인왕봉까지 높이 3m, 길이 90m가량의 가림막이 설치돼 큰 기대를 하고 올라왔지만 실망하는 시민들도 있었다.~~

전북 전주시에 거주하는 김영수 씨(23)는 "정상이~~은~~ 막혀있어 항상 서석대까지만 올라갔다가 내려가서 아쉬웠었는데 이번 기회에 무등산 정상을 방문할 수 있게돼 기쁘다"며 "정상 3개의 봉이 모두 개방된~~한~~ 것이 아니~~커도 하~~고, 가림막 등이 설치돼 생각했던 것보다 많은 것을 볼 수 없어 너무 아쉽다"는 속내를 드러냈다. ~~쉽고~~ 이어 "군부대가 빨리 철수해 완전히 복원된 정상을 보고 싶다"는 희망을 내비쳤다~~고 말하면서 아쉬운 심정을 밝혔다.~~

comment

인터뷰가 정교하게 다듬어지지 못했다. 독자가 읽기 쉬운 상태로 조정하면 좋다.

무등산 정상은 1966년 공군부대가 주둔하며 ~~가 시작해 시민들의 접근이~~ 제한~~통제됐다~~. 2011년부터 매년 적게는 2번, 많게는 4번까지 민간인들에게 한시적으로 개방했다. ~~가, 그러다 이번 상시개방을 통해~~ 57년 만에 정상 3봉 중 하나인 인왕봉 통제를 풀었다.~~을 개방하게 됐다.~~

강기정 광주시장(58)은 "다음에 있을 방공포대 이전을 통해 앞으로도 더 많은 시민이 더 온전하게 무등산을 누릴 수 있도록 노력하겠다"고 말했다.

comment

지방자치 단체나 기업체 다양한 기관이 주최하는 행사일 경우 그 기관의 장이나 책임있는 관계자 인터뷰를 통해 취재를 설명해 주면 좋다. 그 위치는 뒷부분이 적절하다

앞서 광주시는 지난 2015년 12월에 무등산 정상 방공포대를 ~~이전협약을 체결해~~ 2030년까지 ~~무등산 정상에 있는~~ 군부대를 완전이전하기로 협약을 체결했다. ~~군~~ 이전이 완료되면 인왕봉에 이어 남은 ~~2개의 봉인~~ 천왕봉과 지왕봉도 시민 품으로 돌려줄 계획이다. ~~또한 상시개방을 목표 하고 있다고 밝혔다.~~

comment

전망으로 마무리해준다.

24

무등산 인왕봉 개방... 57년만에 시민 품으로

이른 아침부터 전국서 탐방객 몰려
탁 트인 광주 도심 풍경에 감탄사
군부대 후문옆 가림막 설치 아쉬움
"3개 정상부 온전한 모습 되찾길"

"정상에 오기까지 힘들었지만, 전망을 보니 힘들게 다 날아가는 기분이에요."

무등산 정상 상시개방 첫날인 23일 오전 서석대 일원, 전국각지에서 무등산 정상을 오르기 위해 수많은 시민들의 발길이 이어졌다. 인왕봉 직전 코스인 이곳에는 이른 아침부터 전국 각지에서 모인 탐방객들로 인산인해를 이뤘다. 무등산 정상을 오르기 위해 초등학생부터 대학생, 중장년까지 다양한 연령층의 사람들이 모여 가을 산의 정취를 만끽하고 있었다. 탐방객들은 우뚝 솟은 인왕봉 정상을 바라보며 기대하는 표정을 지었다.

개방시간인 오전 10시 "하나, 둘, 셋" 구호와 함께 가로막고 있던 나무 울타리를 철거하며 그동안 기다렸던 정상으로의 길이 시민들에게 돌아왔다. 인왕봉 전망대까지 가파르고 위험한 오르막길이 맞이하고 있었지만 무등산 정상을 오르는 시민들은 힘든 기색 하나 없이 정상으로 향하고 있었다.

전망대에 도착한 시민들은 "드디어 도착했다"며 소리치며 감격하는 표정을 짓기도 했다.

광주시에 거주하는 김연우 군(17)은 "오늘 산을 처음으로 올랐는데 정상까지 오는 건 매우 힘들었지만, 정상에서 광주시를 한눈에 내려볼 수 있어 마음이 뻥 뚫렸다"며 "앞으로도 계획된 다른 정상들도 개방하게 된다면 반드시 다시 오를것이다"고 말하며 환한 미소를 지었다.

하지만 모든 정상이 개방한 것이 아니라 인왕봉만 우선적으로 개방하다 보니 군부대 보완을 위해 부대 후문 옆부터 인왕봉까지 높이 3m, 길이 90m가량의 가림막이 설치돼 큰 기대를 하고 올라왔지만 실망하는 시민들도 있었다.

전북 전주시에 거주하는 김영수 씨(23)는 "정상은 막혀있어 항상 서석대까지만 올라갔다가 내려가서 아쉬웠었는데 이번 기회에 무등산 정상을 방문할 수 있게돼 기쁘다"며 "정상 3개의 봉이 모두 개방한 것이 아니기도 하고, 가림막 등이 설치돼 생각했던 것보다 많은 것을 볼 수 없어 너무 아쉽고 군부대가 빨리 철수해 완전히 복원된 정상을 보고 싶다"고 말하면서 아쉬운 심정을 밝혔다.

무등산 정상은 1966년 공군부대가 주둔하기 시작해 시민들의 접근이 제한됐다. 2011년부터 매년 적게는 2번, 많게는 4번까지 민간인들에게 한시적으로 개방했다가, 이번 상시개방을 통해 57년 만에 정상 3봉 중 하나인 인왕봉을 개방하게 됐다.

강기정 광주시장(58)은 "다음에 있을 방공포대 이전을 통해 앞으로도 더 많은 시민이 더 온전하게 무등산을 누릴 수 있도록 노력하겠다"고 말했다.

앞서 광주시는 지난 2015년 12월에 무등산 정상 방공포대 이전협약을 체결해 2030년까지 무등산 정상에 있는 군부대를 완전이전하고 남은 2개의 봉인 천왕봉과 지왕봉 또한 상시개방을 목표 하고 있다고 밝혔다.

2. "비옷 입고 우산 들어도 즐거워요"*

'대구앞산축제'…1만5천여명 다녀가..
체험, 놀이부스 마다 인파 몰려
코요태 축하공연에 분위기 UP 고조
남구대표축제 성황리에 마무리

대구 남구의 대표축제인 '대구앞산축제'가 지난 5~6일 양일간 남구구민 체육광장 일원에서 열렸다. 시민 1만5000여명이 찾아 북새통을 이뤘다. 봄비가 내리며 차가운 날씨였지만 축제 열기는 뜨거웠다. 현장에 다녀왔다.

comment

두 번째 문단을 가져와 리드문으로 한다.

5월 5일 어린이날. 전국적으로 종일 비 소식이 예보되면서 어린이 가족들을 위해 기획했던 많은 행사들이 취소 소식을 전했는데 예정대로 행사를 진행하기로 한 축제 현장이 있어 찾아가보았다. '악동페스티벌' 체험·놀이부스. 아이들 웃음소리가 연실 피어난다. 저마다 엄마아빠 손을 잡고 환한 표정을 짓는다. 궂은 날씨에 아랑곳하지 않는다. 특히 '캐리커쳐 그리기' 부스가 붐볐다. 자기 얼굴이 어떻게 그려질지 잔뜩 호기심 어린 표정이다. 이내 자기 얼굴이 나온 캐리커쳐에 온 가족이 함박웃음 짓는다.

comment

3문단을 이곳으로 옮긴다. 현장탐방기사의 핵심은 앞 단락에 현장 분위기를 그림그리듯 묘사해 주는 것이다.

---

* 총평: 취재가 충실하고 내용이 좋다. 그런데 현장탐방기사 스토리텔링의 기본, 즉 현장묘사 + 설명의 스토리텔링 방법을 구사하지 못했다. 이에 대한 이해를 높이면 더 잘 읽히는 가독성 높은 글을 쓸수 있다.

대구 남구의 대표축제인 '대구앞산축제'는 지난 5~6일 양일간 남구구민체육광장 일원에서 열렸으며 시민 1만5000여명이 다녀가며 북새통을 이뤘다. 봄비가 내리며 차가운 날씨를 보였지만 축제현장의 열기는 뜨거웠다. 비옷을 입고 우산을 든 모습으로 남구구민체육광장을 찾은 시민들의 얼굴에는 미소가 가득 번졌다.

특히 어린이 날을 맞아 마련된 '악동페스티벌'의 다양한 체험·놀이 부스에는 부모님의 손을 잡고 행사장을 찾은 아이들의 웃음소리가 끊이지 않았다. 운영 중인 부스 가운데 인기가 많았던 '캐리커쳐 그리기'에는 자신의 얼굴이 어떤 그림으로 나올지 기대하는 어린이 가족들로 붐볐다.

아이의 얼굴이 그려진 캐리커쳐를 받아들고 나오던 한 가족은 그 자리에 멈춰서서 한바탕 웃음을 터뜨렸다. 아이에게 다가가 완성된 캐리커쳐가 마음에 드냐고 물으니, 웃으며 "네 마음에 들어요!"라고 기뻐한다 소리쳤다. 맘 카페를 통해 이번 행사를 알게 돼 용산동에서 참여했다는 아이 어머니는 "비가 안 왔더라면 더 좋았겠다"면서도 즐거운 표정을 감추지 못한다.며 아쉬워했다.

comment

현재형으로 묘사해야 마치 지금 현장에서 벌어지는 것 같은 느낌을 준다. 물론 과거형을 사용해도 무방하다.

이밖에도 곳곳에 마련된 다양한 부스에서 어린이 가족들이 즐거운 추억을 만들었다. 이벤트 참여를 위해 체험부스를 찾아다니며 스탬프를 찍는 부모들은 동심으로 돌아간 듯 즐거워했다. 공 던지기 다트를 즐기며 웃어대는 아이들이 있는가 하면 키링을 만들며 집중하는 아이들 또 날아가는

comment

주요 행사는 현재형으로 묘사하고, 그밖의 행사는 짧게 과거형으로 묘사한다. 앞선 현재형 묘사 행사들을 강조하는 효과를 얻는다.

comment

이 문장은 이 문단 뒷부분으로 돌린다. 아이들 먼저 묘사, 이어 부모 묘사 순서로 해야 어린이 날의 취지가 살아난다.

비눗방울을 잡아보겠다며 방방 뛰던 아이들 등 축제를 즐기는 모습들이 다양했다. 이벤트 참여를 위해 체험부스를 찾아다니며 스탬프를 찍는 엄마아빠도 덩달아 동심으로 돌아간 듯 즐거워했다.

~~남구는~~ 이번 축제와 연계해 자원순환에 대한 교육 및 홍보를 위한 부스도 인기를 ~~모았다~~운영했다. '올바른 재활용 분리배출 OX퀴즈' 부스에서는 ~~참여한 시민들~~이 재활용과 음식물쓰레기 분리배출에 관한 퀴즈를 맞춘 가족이 ~~주면~~ 대나무로 ~~재작된~~ 칫솔을 상품으로 받았다~~재공했다.~~

comment
시민을 주어로 한다.

바로 옆 '그린에너지체험교실' 부스에도 어린이들이 몰렸다~~도 인기가 높았다.~~ 바람이 빠져 쓰러져 있는 곰 풍선을 일으키기 위해 아이들이 자전거 페달을 열심히 밟으며 즐거워했다. ~~또~~ 고소하고 짭조름한 팝콘과 함께 EM발효액을 무료로 받는 기쁨도 누렸다. ~~나눔을 받기 위해 지루함도 마다하지 않고~~ 길게 줄 지어 선 모습에 지루함은 저만치 물러선지 오래다~~도 보였다.~~

유명 커피브랜드를 맛보고 체험할 수 있는 '앞산커피축제'도 인기 만점이었다. 행사장 입구에서부터 은은하게 퍼져오는 커피향기가 커피 매니아는 물론 일반시민들의 발길을 이끌었다. ~~남구가 처음 마련한 이 행사는~~ 대구커피협회 주관으로 27개 업소가 참여해 ~~자신들의~~ 대표메뉴를 선보였다~~어고 있었다.~~ 그 중 15년 간 카페를 운영하고 있다는 류상열 씨는 ~~를 만났다. 그는 행사 기간 동안 가장 많이 찾은 커피로 진한 초콜릿의 향미가 느껴지는 '예멘 모카 마타리 알 함다니'를 추천했다.~~

comment
이 인터뷰가 뒤로 가고 뒤 인터뷰가 앞으로 와야 자연스럽다. 사람이 많이 다녀간 것을 전하고 가장 인기 있었던 것이 무엇이라는 얘기가 나와야 흐름이 매끄럽다.

청동 드리프에 원두를 담고 노련한 솜씨로 물을 붓고 뜸을 드리던 그는 "첫날은 정신없이 바빴다. 커피잔을 5000개 준비했는데 많이 모자랐다"며 "8000여명이 다녀간것 같다"고 말했다.

청동 드리프에 원두를 담고 노련한 솜씨로 물을 붓고 뜸을 들이던 그는 "행사 기간 동안 가장 많이 찾은 커피는 진한 초콜릿의 향미가 느껴지는 '예멘 모카 마타리 알 함다니'"였다면서 기자에게도 건넸다.

행사장 중앙에는 특설무대가 마련돼 있었다. 객석에는 비옷을 입고 모여든 시민들이 자리를 지켰다. 또 보라빛 풍선이 물결을 이루기도 했다.

축제에 빠질 수 없는 먹거리 부스도 무대 뒤쪽에 마련돼 있었다. 대구 대표 브루어리 초청 수제맥주와 다양한 요리들이 행사장을 찾은 시민들의 입을 즐겁게 만들었다. 특히 봄비 내리는 날 흥겨운 라이브 음악과 함께 야외에서 즐기는 수제맥주. 이번 행사를 조금 더 특별하게 만든 공신 가운데 하나다.

comment

뒷부분 먹거리 단락이 이곳으로 와야 자연스럽다.

행사 관계자는 "행사 내내 비가 내렸지만 많은 시민들이 찾아 왔다"며 "특히 개막식 등 공연때는 객석과 스탠드 좌석까지 부족해 서서 관람하는 방문객이 많았다"고 말했다.

5일 열린 개막식에는은 화려한 개막 퍼레이드를 시작으로 레이져쇼와 딥프뮤지컬스타 갈라쇼가 이어졌다. 연이은 코요태, 신유의 축하공연은 축제 분위기를 한껏 고조시켰다.

6일에는 TV조선 '노래하는 대한민국'의 본선녹화가 진행된 가운데 미스터트롯 및 미스트롯 출신인 나태주, 전유진, 김의영이 초대가수로 출연해 축제의 대미를 장식했다.

축제에 빠질 수 없는 먹거리 부스도 무대 뒤쪽에 마련돼 있었다. 대구 대표 브루어리 초청 수제맥주와 다양한 요리들이 행사장을 찾은 시민들의 입을 즐겁게 했다. 특히 봄비 내리는 날 흥겨운 라이브 음악과 함께 야외에서 즐기는 수제맥주는 이번 행사를 조금 더 특별하게 만들었다.

comment

이 단락을 앞으로 보낸다. 현장탐방기사로 기자가 직접 보고 취재한 현장 소식을 다룬다. 그 뒤로 나머지 축제 주요행사를 소개한다.

민상호 남구 문화관광과장은 "지난해보다 풍성한 행사를 위해 앞산빨래터공원에서 구민체육광장으로 장소를 변경했다. 행사기간 비 예보가 있어 많은 행사들이 취소됐지만 남구는 가정의 달을 맞아 어린이날 즐길 공간 확보를 위해 예정대로 진행했다"며 "궂은 날씨에도 축제장을 찾아주신 분들에게 진심으로 감사드린다. 내년에도 더욱 알차고 풍성한 축제를 만들어가겠다"고 말했다.

comment

행사 주최 기관의 관계자 인터뷰를 뒤에 넣어준다.

"비옷 입고 우산 들어도 즐거워"

'대구앞산축제'…1만5천여명 다녀가..
체험, 놀이부스 마다 인파 몰려
코요태 축하공연에 분위기 UP
남구대표축제 성황리에 마무리

5월 5일 어린이날. 전국적으로 종일 비 소식이 예보되면서 어린이 가족들을 위해 기획했던 많은 행사들이 취소 소식을 전했는데 예정대로 행사를 진행하기로 한 축제 현장이 있어 찾아가보았다.

대구 남구의 대표축제인 '대구앞산축제'는 지난 5~6일 양일간 남구구민체육광장 일원에서 열렸으며 시민 1만5000여명이 다녀가며 북새통을 이뤘다. 봄비가 내리며 차가운 날씨를 보였지만 축제현장의 열기는 뜨거웠다. 비옷을 입고 우산을 든 모습으로 남구구민체육광장을 찾은 시민들의 얼굴에는 미소가 가득 번졌다.

특히 어린이 날을 맞아 마련된 '악동페스티벌'의 다양한 체험·놀이 부스에는 부모님의 손을 잡고 행사장을 찾은 아이들의 웃음소리가 끊이지 않았다. 운영 중인 부스 가운데 인기가 많았던 '캐리커쳐 그리기'에는 자신의 얼굴이 어떤 그림으로 나올지 기대하는 어린이 가족들로 붐볐다.

아이의 얼굴이 그려진 캐리커쳐를 받아들고 나오던 한 가족은 그 자리에 멈춰서서 한바탕 웃음을 터뜨렸다. 아이에게 다가가 완성된 캐리커쳐가 마음에 드냐고 물으니, 웃으며 "네 마음에 들어요!"라고 소리쳤다. 맘 카페를 통해 이번 행사를 알게 돼 용산동에서 참여했다는 아이 어머니는 "비가 안 왔더라면 더 좋았겠다"며 아쉬워했다.

이밖에도 곳곳에 마련된 다양한 부스에서 어린이 가족들이 즐거운 추억을 만들었다. 이벤트 참여를 위해 체험부스를 찾아다니며 스탬프를 찍는 부모들은 동심으로 돌아간 듯 즐거워했다. 공 던지기 다트를 즐기며 웃어대는 아이들이 있는가 하면 키링을 만들며 집중하는 아이들 또 날아가는 비눗방울을 잡아보겠다며 방방 뛰던 아이들 등 축제를 즐기는 모습들이 다양했다.

남구는 이번 축제와 연계해 자원순환에 대한 교육 및 홍보를 위한 부스도 운영했다. '올바른 재활용 분리배출 OX퀴즈' 부스에서는 참여한 시민들이 재활용과 음식물쓰레기 분리배출에 관한 퀴즈를 맞추면 대나무로 제작된 칫솔을 상품으로 제공했다.

바로 옆 '그린에너지체험교실' 부스도 인기가 높았다. 바람이 빠져 쓰러져 있는 곰 풍선을 일으키기 위해 아이들이 자전거 페달을 열심히 밟으며 즐거워했다. 또 고소하고 짭조름한 팝콘과 함께 EM발효액 무료 나눔을 받기 위해 지루함도 마다하지 않고 길게 줄 지어 선 모습도 보였다.

유명 커피브랜드를 맛보고 체험할 수 있는 '앞산커피축제'도 인기 만점이었다. 행사장 입구에서부터 은은하게 퍼져오는 커피향기가 커피 매니아는 물론 일반시민들의 발길을 끌었다. 남구가 처음 마련한 이 행사는 대구커피협회 주관으로 27개 업소가 참여해 자신들의 대표메뉴를 선보이고 있었다. 그 중 15년 간 카페를 운영하고 있다는 류상열 씨를 만났다. 그는 행사 기간 동안 가장 많이 찾은 커피로 진한 초콜릿의 향미가 느껴지는 '예멘 모카 마타리 알 함다니'를 추천했다.

청동 드리프에 원두를 담고 노련한 솜씨로 물을 붓고 뜸을 드리던 그는 "첫날은 정신없이 바빴다. 커피잔을 5000개 준비했는데 많이 모자랐다"며

8000여명이 다녀간것 같다"고 했다.

행사장 중앙에는 특설무대가 마련돼 있었다. 객석에는 비옷을 입고 모여든 시민들이 자리를 지켰다. 또 보라빛 풍선이 물결을 이루기도 했다.

행사 관계자는 "행사 내내 비가 내렸지만 많은 시민들이 찾아 왔다"며 "특히 개막식 등 공연때는 객석과 스탠드 좌석까지 부족해 서서 관람하는 방문객이 많았다"고 말했다.

5일 열린 개막식은 화려한 개막 퍼레이드를 시작으로 레이져쇼와 딥프 뮤지컬스타 갈라쇼가 이어졌다. 연이은 코요태, 신유의 축하공연은 축제 분위기를 한껏 고조시켰다.

6일에는 TV조선 '노래하는 대한민국'의 본선녹화가 진행된 가운데 미스터트롯 및 미스트롯 출신인 나태주, 전유진, 김의영이 초대가수로 출연해 축제의 대미를 장식했다.

축제에 빠질 수 없는 먹거리 부스도 무대 뒤쪽에 마련돼 있었다. 대구 대표 브루어리 초청 수제맥주와 다양한 요리들이 행사장을 찾은 시민들의 입을 즐겁게 했다. 특히 봄비 내리는 날 흥겨운 라이브 음악과 함께 야외에서 즐기는 수제맥주는 이번 행사를 조금 더 특별하게 만들었다.

민상호 남구 문화관광과장은 "지난해보다 풍성한 행사를 위해 앞산빨래터공원에서 구민체육광장으로 장소를 변경했다. 행사기간 비 예보가 있어 많은 행사들이 취소됐지만 남구는 가정의 달을 맞아 어린이날 즐길 공간 확보를 위해 예정대로 진행했다"며 "궂은 날씨에도 축제장을 찾아주신 분들에게 진심으로 감사드린다. 내년에도 더욱 알차고 풍성한 축제를 만들어가겠다"고 말했다.

3. "~~비장애인과~~ 함께 차별 없는 사회 만들어요"*
제4회 옥천 마을장애인 인권영화제 '맞울림' 현장

comment

'비장애인과'를 빼는 것이 더 간결하고 강렬한 효과를 준다.

comment

때와 장소를 소개하면서 언제 어느 곳인지를 알게 해준다

가을이 깊어가던 10월 27일. 올해도 어김없이 옥천마을장애인인권영화제가 ~~올해도 어김없어~~ 돌아왔다. 옥천군 청소년 수련관 별관 입구에는 영화관처럼 ~~재답게 입구에 준비된~~ 고소한 팝콘이 놓였다. 반갑게 가장 먼저 관객을 맞아준다~~아한다~~. 팝콘을 받아 든 관객들의 발걸음은 자연스레 포토존과 이동권 투쟁, 권리중심 중증장애인 맞춤형 공공일자리 현장이 담긴 사진전으로 이어진다~~향한다~~. 오후 1시, ~~부대 전서에 한참 집중하던 관객은~~ 영화제 시작을 알리는 방송~~목소라에 깜짝~~ 놀라 모두 상영관으로 들어간다~~입장한다~~. ~~영화제 시작 이후에도 영화제를 찾는 발걸어 끊임없어 이어졌던~~ '맞울림'을 슬로건으로 한 제4회 옥천 마을장애인 인권영화제는 올해는 어떤 모습으로 관객 앞에 섰을까?

서로의 삶을 이야기하는 시간

~~10월 27일 옥천군 청소년수련관 별관에서 제4회 옥천마을장애인권영화제가 열렸다. 영화제 슬로건 '맞울림'은 하나가 진동하면 다른 하나도 따~~

---

* 총평: 문장력 뛰어나고. 스토리텔링 전개 능력 탁월하다. 리드 마지막 문장 문답법 의문문도 효과적인 방법이다. 본문은 스케치가 아닌 두단락으로 나뉘어 있다. 일단 현장 단락인 두 번째 단락을 앞으로 옮겨 현장 분위기를 전달하고, 첫째 단락을 뒤로 붙여서 영화제를 설명하는 식으로 가면 좋다. 현장탐방기사의 기본은 현장부터 소개하고 그에 대한 설명을 붙이는 방식이다.

라 울리는 공명처럼 서로의 생각에 공감할 때 더 많은 이야기가 울려 퍼진다는 뜻이다. 이번 영화제를 주최한 옥천장애인자립생활센터 임○○ 소장은 "맞울림처럼 영화제가 장애인과 비장애인이 소통하고 공감하는 장으로 서로의 이야기를 더 많이 나눴으면 좋겠다"며 "영화제를 지속해서 옥천의 문화로 만들 수 있도록 계속 함께해 달라"고 했고 영화제 축하를 위해 공연을 준비한 전국장애인차별철폐연대(이하 전장연) 박○○ 상임공동대표는 "저희 어깨꿈밴드(어차피 깨진 꿈)는 중증장애인 권리형 일자리를 알리기 위해 활동하고 있다"며 "옥천에서도 장애인이 능력 중심이 아닌 인간 그 자체로서의 삶을 살아갈 수 있길 바란다"고 전했다.

이번 영화제에 관객의 발길이 끊임없이 이어진 이유가 있다. 다양한 장애인의 삶이 담긴 상영작과 공연이 영화제를 꽉 채웠기 때문이다. 어날 일상 속 장애인 차별을 비장애인 시각으로 보여주는 ▲'소희로부터'(정창영, 옥천마을장애인인권영화제, 2023), 권리중심 중증장애인 맞춤형 공공일자리를 그린 ▲'권리를 잇는 노동자들'(민아영, 서울장애인인권영화제, 2022), 장애인의 다양한 자립생활을 보여주는 ▲'거짓말'(양준서, 서울장애인인권영화제, 2023), 장애인 차별 철폐 운동을 담은 ▲'오멜라스를 떠나지 않는 사람들'(정호경, 서울장애인인권영화제, 2023), 장애인 부부의 자립생활을 그린 ▲'성현이와 정현이의 슬기로운 자립생활'(손용규, 서울장애인인권영화제, 2023) 총 5편의 상영작과 전국장애인차별철폐연대(이하 전장연) 어깨꿈밴드, 옥천장애인자립생활센터 자조모임 문바위 난타공연, '소희로부터' 관객과의 대화가 관객을 사로잡았다.

comment

이 단락을 뒤로 돌리고 뒷단락을 앞으로 가져온다

옥천 주민이 만든 영화 '소희로부터'

오후 6시까지 5시간 동안 진행된 영화제. 관객들은 끝까지 자리를 지키며 한편 한편의 영화에 시선을 집중시켰다. 그 가운데 장애인 차별을 비장애인 시각으로 그린 극영화 '소희로부터'에 가장 많은 갈채가 쏟아졌다. 양○○(59, 옥천읍) 씨는 "영화를 통해 장애인이 일상생활에서 어떤 어려움을 겪는지 알게 됐다"며 "장애인과 함께 살아가기 위해 일상에서 어떤 점이 바뀌어야 하는지 더 눈여겨 봐야겠다"고 다짐했다. 정○○(46) 씨는 "친구 김○○가 배우로 참여한 영화 '소희로부터' 관람을 위해 어머니와 왔다"며 "휠체어 장애인 친구가 어렸을 때부터 받아온 차별이 영화에 그대로 담겨있는데, 앞으로 이런 영화가 더 많이 만들어져 비장애인과 함께 차별 없는 사회를 만드는데 도움이 됐으면 좋겠다"는 희망을 내비쳤다.

'소희로부터'는 우선 주민들에게 남다른 감회를 안겼다. 주민이 제작에 직접 참여했기 때문이다. 옥천장애인자립생활센터는 주민과 함께하는 영화제를 위해 매년 새로운 시도를 한다. 올해는 옥천의 첫 극영화 '소희로부터'를 제작했는데 주목할 점은 옥천 주민들이 참여했다는 것이다. 영화 '소희로부터'는 올해 2월부터 8개월간 제작 과정을 거쳐 완성됐다. 영화를 제작한 옥천장애인자립생활센터 김○○ 활동가는 "올해 처음으로 다양한 이야기와 사람을 만나기 위해 시나리오 공모전과 배우 공개 모집을 했다"며 "주민들의 참여로 또 한 번 새로운 도전을 할 수 있었다"고 말했다.

'소희로부터'는 주민들에게도 새로운 도전이다. 시나리오를 쓴 것이 이번이 처음이라는 송○○ 작가는 "상가 출입구 경사로, 점자 메뉴판 등 우리 지역에서 장애인이 겪는 불편함을 말하고 싶었다"며 "관객 모두 영화를 계기로 일상 속 차별을 함께 없애나가면 좋겠다"고 는 기대를 드러냈다했고 익살스러운 연기로 관객의 웃음을 자아낸 정○○ 씨는 "이런 경험은 어디에서도 못할 것"이라며 "지역에서 제작하는 영화에 출연할 기회가 더 많았으면 좋겠다고"고 웃어 보였다. 매년 영화제에 함께하고 있는 정○○ 감독은 "해가 지날수록 영화제에 관객이 늘어 기분이 좋다"며 "앞으로 더 많은 주민과 다양한 영화를 만들고 싶다"고 희망을 밝혔다전했다.

제작진들은 각기 다른 역할이지만 장애인이 겪는 일상 속 차별을 없애고 싶은 마음으로 영화를 만들었다. 한마음으로 만든 영화 '소희로부터'는 관객에게 어떻게 전달됐을까? 오후 6시까지 진행된 영화제를 끝까지 즐긴 양○○(59, 옥천읍) 씨는 "영화를 통해 장애인이 일상생활에서 어떤 어려움을 겪는지 알게 됐다"며 "장애인과 함께 살아가기 위해 일상에서 어떤 점이 바뀌어야 하는지 더 눈여겨봐야겠다"고 했고 전남 나주에서 온 정○○(46) 씨는 "친구 김○○가 배우로 참여한 영화 '소희로부터' 관람을 위해 어머니와 왔다"며 "휠체어 장애인인 친구가 어렸을 때부터 받아온 차별이 영화에 그대로 담겨 앞으로 이런 영화가 더 많이 만들어져 비장애인과 함께 차별 없는 사회를 만들었으면 좋겠다"고 말했다.

서로의 삶을 이야기하는 시간

10월 27일 옥천군 청소년수련관 별관에서 제4회 옥천마을장애인권영화제가 열렸다. 영화제 슬로건 '맞울림'은 하나가 진동하면 다른 하나도 따라 울리는 공명처럼 서로의 생각에 공감할 때 더 많은 이야기가 울려 퍼진다는 뜻을 담는다어다. 이번 영화제를 주최한 옥천장애인자립생활센터 임○○ 소장은 "맞울림처럼 영화제가 장애인과 비장애인이 소통하고 공감하는 장으로 서로의 이야기를 더 많이 나눴으면 좋겠다"며 "영화제를 지속해서 옥천의 문화로 만들 수 있도록 계속 함께해 달라"고 부탁했다.했고 영화

제 ~~축하를 위해~~ 공연을 준비한 전국장애인차별철폐연대(이하 전장연) 박○
○ 상임공동대표는 "저희 어깨꿈밴드(어차피 깨진 꿈)는 중증장애인 권리형
일자리를 알리기 위해 활동하고 있다"며 "옥천에서도 장애인이 능력 중심
이 아닌 인간 그 자체로서의 삶을 살아갈 수 있길 바란다"고 전했다.

이번 영화제에 관객의 발길이 끊임없이 이어지도록 만든 상영작 5편은
다음과 같다. ~~전 이유가 있다. 다양한 장애인의 삶이 담긴 상영작과 공연이~~
~~영화제를 꽉 채웠기 때문이다.~~ 이날 일상 속 장애인 차별을 비장애인 시각
으로 보여주는 ▲'소희로부터'(정창영, 옥천마을장애인인권영화제, 2023), 권리중
심 중증장애인 맞춤형 공공일자리를 그린 ▲'권리를 잇는 노동자들'(민아영,
서울장애인인권영화제, 2022), 장애인의 다양한 자립생활을 집중 조명한~~보여주~~
~~는~~ ▲'거짓말'(양준서, 서울장애인인권영화제, 2023), 장애인 차별 철폐 운동을 앵
글에 담은 ▲'오멜라스를 떠나지 않는 사람들'(장호경, 서울장애인인권영화제,
2023), 장애인 부부의 자립생활을 감동적으로 묘사한~~그린~~ ▲'성현이와 정현
이의 슬기로운 자립생활'(손용규, 서울장애인인권영화제, 2023)이다. ~~총 5편의 상~~
~~영작과~~ 영화 상영 외에 전국장애인차별철폐연대(이하 전장연) 어깨꿈밴드,
옥천장애인자립생활센터 자조모임 문바위 난타공연, '소희로부터' 관객과
의 대화가 관객을 사로잡았다.

"비장애인과 함께 차별 없는 사회 만들어요"

제4회 옥천마을장애인인권영화제 '맞울림' 현장

옥천마을장애인인권영화제가 올해도 어김없이 돌아왔다. 영화제답게 입구에 준비된 고소한 팝콘이 가장 먼저 관객을 맞이한다. 팝콘을 받아 든 관객들의 발걸음은 자연스레 포토존과 이동권 투쟁, 권리중심중증장애인 맞춤형공공일자리 현장이 담긴 사진전으로 향한다. 오후 1시, 부대 전시에 한참 집중하던 관객은 영화제 시작을 알리는 목소리에 깜짝 놀라 상영관으로 입장한다. 영화제 시작 이후에도 영화제를 찾는 발길이 끊임없이 이어졌던 제4회 옥천마을장애인인권영화제. 올해는 어떤 모습으로 관객 앞에 섰을까?

서로의 삶을 이야기하는 시간

10월 27일 옥천군 청소년수련관 별관에서 제4회 옥천마을장애인인권영화제가 열렸다. 영화제 슬로건 '맞울림'은 하나가 진동하면 다른 하나도 따라 울리는 공명처럼 서로의 생각에 공감할 때 더 많은 이야기가 울려 퍼진다는 뜻이다. 이번 영화제를 주최한 옥천장애인자립생활센터 임〇〇 소장은 "맞울림처럼 영화제가 장애인과 비장애인이 소통하고 공감하는 장으로 서로의 이야기를 더 많이 나눴으면 좋겠다"며 "영화제를 지속해서 옥천의 문화로 만들 수 있도록 계속 함께해 달라"고 했고 영화제 축하를 위해 공연을 준비한 전국장애인차별철폐연대(이하 전장연) 박〇〇 상임공동대표는 "저희 어깨꿈밴드(어차피 깨진 꿈)는 중증장애인 권리형 일자리를 알리기 위해 활동하고 있다"며 "옥천에서도 장애인이 능력 중심이 아닌 인간 그 자체로서의 삶을 살아갈 수 있길 바란다"고 전했다.

이번 영화제에 관객의 발길이 끊임없이 이어진 이유가 있다. 다양한 장애인의 삶이 담긴 상영작과 공연이 영화제를 꽉 채웠기 때문이다. 이날 일상 속 장애인 차별을 비장애인 시각으로 보여주는 ▲'소희로부터'(정창영, 옥천마을장애인인권영화제, 2023), 권리중심 중증장애인 맞춤형 공공일자리를 그린 ▲'권리를 잇는 노동자들'(민아영, 서울장애인인권영화제, 2022), 장애인의 다양한 자립생활을 보여주는 ▲'거짓말'(양준서, 서울장애인인권영화제, 2023), 장애인 차별 철폐 운동을 담은 ▲'오멜라스를 떠나지 않는 사람들'(장호경, 서울장애인인권영화제, 2023), 장애인 부부의 자립생활을 그린 ▲'성현이와 정현이의 슬기로운 자립생활'(손용규, 서울장애인인권영화제, 2023) 총 5편의 상영작과 전국장애인차별철폐연대(이하 전장연) 어깨꿈밴드, 옥천장애인자립생활센터 자조모임 문바위 난타공연, '소희로부터' 관객과의 대화가 관객을 사로잡았다.

옥천 주민이 만든 영화 '소희로부터'

옥천장애인자립생활센터는 주민과 함께하는 영화제를 위해 매년 새로운 시도를 한다. 올해는 옥천의 첫 극영화 '소희로부터'를 제작했는데 주목할 점은 옥천 주민들이 참여했다는 것이다. 영화 '소희로부터'는 올해 2월부터 8개월간 제작 과정을 거쳐 완성됐다. 영화를 제작한 옥천장애인자립생활센터 김○○ 활동가는 "올해 처음으로 다양한 이야기와 사람을 만나기 위해 시나리오 공모전과 배우 공개 모집을 했다"며 "주민들의 참여로 또 한 번 새로운 도전을 할 수 있었다"고 말했다.

'소희로부터'는 주민들에게도 새로운 도전이다. 시나리오를 쓴 것이 이번이 처음이라는 송○○ 작가는 "상가 출입구 경사로, 점자 메뉴판 등 우리 지역에서 장애인이 겪는 불편함을 말하고 싶었다"며 "관객 모두 영화를 계기로 일상 속 차별을 함께 없애나가면 좋겠다"고 했고 익살스러운 연기로 관객의 웃음을 자아낸 정○○ 씨는 "이런 경험은 어디에서도 못할 것"이라며 "지역에서 제작하는 영화에 출연할 기회가 더 많았으면 좋겠다고"고 웃어 보였다. 매년 영화제에 함께하고 있는 정○○ 감독은 "해가 지날수록 영화제에 관객이 늘어 기분이 좋다"며 "앞으로 더 많은 주민과 다양한 영화를 만들고 싶다"고 전했다.

제작진들은 각기 다른 역할이지만 장애인이 겪는 일상 속 차별을 없애고 싶은 마음으로 영화를 만들었다. 한마음으로 만든 영화 '소희로부터'는 관객에게 어떻게 전달됐을까? 오후 6시까지 진행된 영화제를 끝까지 즐긴 양○○(59, 옥천읍) 씨는 "영화를 통해 장애인이 일상생활에서 어떤 어려움을 겪는지 알게 됐다"며 "장애인과 함께 살아가기 위해 일상에서 어떤 점이 바뀌어야 하는지 더 눈여겨봐야겠다"고 했고 전남 나주에서 온 정○○(46) 씨는 "친구 김○○가 배우로 참여한 영화 '소희로부터' 관람을 위해 어머니와 왔다"며 "휠체어 장애인인 친구가 어렸을 때부터 받아온 차별이 영화에 그대로 담겨 앞으로 이런 영화가 더 많이 만들어져 비장애인과 함께 차별 없는 사회를 만들었으면 좋겠다"고 말했다.

4. 동해 일출 보며 오롯이 나를 만나는 시간*

~~떠오르는~~ 해와 바다 앞에서 나를 오롯이 만나는 시간

comment

제목의 내용은 좋은데 다소 길기 때문에
한자 단어를 써서 길이를 줄여준다.

낙산해변서 선라이즈 요가…속초·양양 여행객에게 인기
정유선 '여로요가' 원장, 5~11월 주말·공휴일~~바다~~ 진행

최근 본격적인 여름을 앞두고 양양의 바다 일출을 보며 요가(선라이즈 요가)를 즐기는 여행객이 모여들고 있다.

~~지난~~ 5월 20일 오전 4시 40분~~에~~ 찾은 낙산해변. ~~에는~~ 20여 명의 원데이 클래스 참가자들이 나무데크 위 ~~바라~~ 깔아놓은 매트에 하나 둘 자리 잡는다. ~~고 앉았다.~~ 오전 5시가 ~~되어~~ 수업을 시작한 '여로요가'의 정유선 원장이 싱잉볼~~이~~을 울리자, 참가자들은 곧장 명상에 잠긴~~겼~~다.

comment

현장 에피소드를 현재형으로 묘사해
독자들에게 실시간으로 현장에 있다는
느낌을 준다.

"새소리, 파도 소리에 귀 기울이며 몸의 세포들을 하나둘씩 깨워봅니다."
'여로요가'~~와~~ 정유선 원장의 인도에 따라 참가자들이 요가 동작을 펼친다. ~~따라 하며~~ 몸을 움직인 지 얼마 지나~~지~~않아 수평선 위~~너머~~로 홀연히 붉은 해가 떠오른다. ~~올랐고,~~ 참가자들은 싱그러운 새벽 바람에 실려온 황홀한 햇살에 ~~어들은 눈앞에서 펼쳐지는~~ 일출에 감탄을 자아낸~~냈~~다.

---

* 총평: 기자가 현장에서 벌어지는 행사를 직접 탐방 취재해 보도하는 기사의 핵심은 현장묘사다. 현장을 세밀화 그리듯 자세하면서도 맛깔스럽게 묘사하는 것이 관건이다. 현장 묘사를 좀더 절밀하게 할 필요가 있다. '하다'체를 벗어난 용언 구사가 묘사나 설명의 효과를 더 높여준다.

경기도 부천에서 온 ~~요가원을 다니고 있다는~~ 한 참가자는 "바다와 해를 보며 요가를 하니 훨씬 개운하고 자유로운 느낌"이라고 들려준다~~말했다.~~

2020년 여름 시작…한 해 1천여명 참가

웰니스 관광으로 요가와 명상이 떠오르는 요즘, 동해~~바다~~의 자연을 오감으로 느끼며 몸과 마음을 깨우는 선라이즈 요가가 인기다. 일출에 요가를 접목해 한시간여 진행하는 ~~타욱~~ 특별한 체험하다. ~~한 시간가량 진행되는데,~~ 동작이 어렵지 않아 요가를 처음 하거나 유연하지 않은 초보자들도 쉽게 따라 할 수 있었다.

~~지난~~ 2020년 여름부터~~에 시작해 매년~~ 일출해변요가 원데이클래스를 진행하는 정유선 원장이~~은~~ 속초에서 요가원을 운영하게 된 계기는 무엇일까?~~한 지 벌써 4년째 되었다고 한다.~~

comment

의문문으로 궁금증을 자아내고 인터뷰로 답하는 형식을 취한다. 몰입도를 높일 수 있다.

"원래 하던 일은 요가가 아니었어요. 항공사에서 일하며 서울 생활을 하던 중 코로나 이전에 산티아고 순례길을 다녀왔고, 여행하듯 삶을 살아야겠다고 생각하며 바다와 산이 있는 속초로 내려왔죠."

속초와 양양에 ~~아무런~~ 연고가 없는~~지만~~ 자신과 ~~같은~~ 여행자들이을~~ 큰~~ 길 위에서 만난다~~나자~~는 의미로 요가원의 이름을 '여로(旅路)요가'라고 지었다.

원데이 야외 클래스는 ~~2020년 여름부터~~ 양양~~와~~ 에어비앤비 숙박팀의 제안으로 ~~시작해~~ 매년 5월에서 11월 사이 주말과 공휴일마다 ~~구준히~~ 진행한다~~하고 있다.~~ 한 주에 80명 이상, 한 해에만 ~~무려~~ 1,000여 명의 여행객이 낙산해변에서 선라이즈 요가 삼매경에 빠진다~~함께 한다.~~

싱잉볼 연주·확언샤워로 명상

현장묘사는 가능한 문장을 간결하게 쓸 때 전달효과가 크다. 중문이나 복문을 짧게 끊어준다

원데이클래스 후기를 보면 싱잉볼 명상의 호응이 뜨겁다. ~~에서 뜨거운 호응을 얻는 것 중 하나로 싱잉볼 명상이 있다.~~ 싱잉볼은 티베트 불교에서 사용하는 전통 악기다. ~~로,~~ 금속 재질로 ~~만들어져~~ 소리가 맑고 깊은 울림이 깊다. 세포에 전달되어 몸을 이완하는 데 탁월하다 ~~도움된다.~~ 정유선 원장 ~~은 코로나로 몸과 마음이 지천~~ 여행객들이 명상에 ~~더욱~~ 집중할 수 있도록 싱잉볼 연주와 함께 마련한 또 하나의 비밀병기는 '확언샤워'다. ~~를 통해 자아와 감정을 마주하도록 이끈다.~~ 참가자들은 명상하는 동안 긍정과 감사가 담긴 확언을 ~~스스로에게~~ 되뇌이며 몸의 건강을 넘어 ~~뿐 아니라 자신의~~ 마음을 ~~또한~~ 진정으로 보듬는다 ~~돌보는 시간을 가진다.~~

~~네이버 예약 페이지에~~ 원데이클래스 참여 후기에 ~~를 올린~~ 한 참가자는 "명상할 때 '내 몸은 내 마음을 담는 그릇'이라는 한 마디에 나는 그 마음을 어떻게 담고 살아가는지 많은 생각을 했다"며, "새벽의 새소리, 바다의 파도소리, 일출로 붉게 번져가는 하늘 아래에서 많은 분이 저와 같은 행복을 체험해보길 바란다"고 남겼다.

마음고생에 ~~어 힘들어~~ 혼자 온 여행객들이 기억에 많이 남는다는 정유선 원장은 "지난 20일 오셨던 한 분이 눈을 감은 채 눈물을 흘려서 제가 토닥였다"며 "살아가면서 ~~어고 지나갔다. 살아가면서~~ 아침에 휴대폰을 확인하며 눈을 뜨고, 출근해서 업무시간을 가지면 내 시간이 거의 없지 않나. 자신에게 집중하며 자신을 아끼고 사랑할 수 있는 시간을 갖게 해주어 고맙다는 참가자들의 후기를 들을 때 가장 뿌듯하다"고 말했다.

정 원장은 선라이즈 요가 수업이 있는 날에는 새벽 3시에 일어나 참여자들을 위한 따뜻한 차를 준비하고 ~~씻고~~ 미리 바다로 나아간다. 전국에서 찾아오는 ~~방문하는~~ 여행객들을 떠올리며 그들과 같이 여행하는 마음으로 호스트로서 마음가짐을 정비하는 것이다. 4년 내내 안 힘들었다면 거짓말

이지만 수업하는 순간의 ~~자연와~~ 맑은 공기와 날씨의 자연 그 자체 **온도**, 그리고 에너지를 여행객들과 ~~함께~~ 공유하~~고 나~~면 힘들다는 생각은 거짓말처럼 사라진다고 들려준다. ~~하나도 힘들자 않다고 한다.~~

한편, 여행객뿐 아니라 지역주민과 자연에서 함께 요가를 즐길 수 있는 프로그램을 기획하고 있다고 밝힌 그는 현재 양양 갤러리카페 '레이크지움'과 협업한 문화기획, 플로깅 활동도 펼친다. 대안학교 위탁사업으로 학업을 중단한 청소년들과 요가, 명상 프로그램도 진행하고 있다.

comment

주요 행사 이외의 다른 행사들을 소개하고 싶을 때 이렇게 뒤에다 붙인다.

낙산해변에서 이루어지는 선라이즈 요가 원데이클래스 참가 신청은 에어비앤비, 또는 네이버~~에~~ '여로요가'에서~~를~~ 검색하면 ~~쉽게 예약이~~ 가능하다.

떠오르는 해와 바다 앞에서 나를 오롯이 만나는 시간

낙산해변서 선라이즈 요가…속초·양양 여행객에게 인기
정유선 '여로요가' 원장, 5~11월 주말·공휴일마다 진행

최근 본격적인 여름을 앞두고 양양의 바다 일출을 보며 요가(선라이즈 요가)를 즐기는 여행객이 모여들고 있다.

지난 5월 20일 오전 4시 40분에 찾은 낙산해변에는 20여 명의 원데이 클래스 참가자들이 나무데크 위 미리 깔아놓은 매트에 자리 잡고 앉았다. 오전 5시가 되어 수업을 시작한 '여로요가'의 정유선 원장이 싱잉볼을 울리자, 참가자들은 곧장 명상에 잠겼다.

"새소리, 파도 소리에 귀 기울이며 몸의 세포들을 하나둘씩 깨워봅니다."

참가자들이 요가 동작을 따라 하며 몸을 움직인 지 얼마 되지 않아 수평선 너머로 붉은 해가 떠올랐고, 이들은 눈앞에서 펼쳐지는 일출에 감탄을 자아냈다.

경기도 부천에서 요가원을 다니고 있다는 한 참가자는 "바다와 해를 보며 요가를 하니 훨씬 개운하고 자유로운 느낌"이라고 말했다.

2020년 여름 시작…한 해 1천여명 참가

웰니스 관광으로 요가와 명상이 떠오르는 요즘, 동해 바다의 자연을 오감으로 느끼며 몸과 마음을 깨우는 선라이즈 요가는 더욱 특별하다. 한 시간가량 진행되는데, 동작이 어렵지 않아 요가를 처음 하거나 유연하지 않은 초보자들도 쉽게 따라 할 수 있었다.

지난 2020년 여름에 시작해 매년 일출해변요가 원데이클래스를 진행하는 정유선 원장은 속초에서 요가원을 운영한 지 벌써 4년째 되었다고 한다.

"원래 하던 일은 요가가 아니었어요. 항공사에서 일하며 서울 생활을 하던 중 코로나 이전에 산티아고 순례길을 다녀왔고, 여행하듯 삶을 살아야겠다고 생각하며 바다와 산이 있는 속초로 내려왔죠."

속초와 양양에 아무런 연고가 없지만 자신과 같은 여행자들을 그 길 위에서 만나자는 의미로 요가원의 이름을 '여로(旅路)요가'라고 지었다.

야외 클래스는 2020년 여름부터 양양의 에어비앤비 숙박팀의 제안으로 시작해 매년 5월에서 11월 사이 주말과 공휴일마다 꾸준히 진행하고 있다. 한 주에 80명 이상, 한 해에만 무려 1,000여 명의 여행객이 낙산해변에서 선라이즈 요가에 함께 한다.

싱잉볼 연주·확언샤워로 명상

원데이클래스 후기에서 뜨거운 호응을 얻는 것 중 하나로 싱잉볼 명상이 있다. 싱잉볼은 티베트 불교에서 사용하는 전통 악기로, 금속 재질로 만들어져 소리가 맑고 깊은 울림이 세포에 전달되어 몸을 이완하는 데 도움된다. 정유선 원장은 코로나로 몸과 마음이 지친 여행객들이 명상에 더욱 집중할 수 있도록 싱잉볼 연주와 함께 '확언샤워'를 통해 자아와 감정을 마주하도록 이끈다. 참가자들은 명상하는 동안 긍정과 감사가 담긴 확언을 스스로에게 되뇌이며 몸의 건강뿐 아니라 자신의 마음 또한 진정으로 돌보는 시간을 가진다.

네이버 예약 페이지에 원데이클래스 참여 후기를 올린 한 참가자는 "명상할 때 '내 몸은 내 마음을 담는 그릇'이라는 한 마디에 나는 그 마음을 어떻게 담고 살아가는지 많은 생각을 했다"며, "새벽의 새소리, 바다의 파도소리, 일출로 붉게 번져가는 하늘 아래에서 많은 분이 저와 같은 행복을 체험해보길 바란다"고 남겼다.

마음이 힘들어 혼자 온 여행객들이 기억에 많이 남는다는 정유선 원장은 "지난 20일 오셨던 한 분이 눈을 감은 채 눈물을 흘려서 제가 토닥이고 지나갔다. 살아가면서 아침에 휴대폰을 확인하며 눈을 뜨고, 출근해서 업무시간을 가지면 내 시간이 거의 없지 않나. 자신에게 집중하며 자신을 아끼고 사랑할 수 있는 시간을 갖게 해주어 고맙다는 참가자들의 후기를 들을 때 가장 뿌듯하다"고 말했다.

정 원장은 선라이즈 요가 수업이 있는 날에는 새벽 3시에 일어나 참여자들을 위한 따뜻한 차를 준비하고 씻고 미리 바다로 나아간다. 전국에서 방문하는 여행객들을 떠올리며 그들과 같이 여행하는 마음으로 호스트로서 마음가짐을 정비하는 것이다. 4년 내내 안 힘들었다면 거짓말이지만 수업하는 순간의 자연의 공기와 온도, 에너지를 여행객들과 함께 공유하고 나면 하나도 힘들지 않다고 한다.

한편, 여행객뿐 아니라 지역주민과 자연에서 함께 요가를 즐길 수 있는 프로그램을 기획하고 있다고 밝힌 그는 현재 양양 갤러리카페 '레이크지움'과 협업한 문화기획, 플로깅 활동, 대안학교 위탁사업으로 학업 중단한 청소년들과 요가, 명상 프로그램도 진행하고 있다.

낙산해변에서 이루어지는 선라이즈 요가 원데이클래스 참가 신청은 에어비앤비, 또는 네이버에 '여로요가'를 검색하면 쉽게 예약이 가능하다.

comment

'우리'를 넣지 않아도 충분히 더 간결하게
의미가 전달된다. 참가자들이 한 말이므로
" "를 넣어 인용표시를 한다.

5. ~~우리~~ "아픔을 나눠 먹자"!*
옥천군보건소 유방암 자조(自助) 모임

comment

자조에 한자를 붙여주는 것이 이해를 돕는다

10월 20일 이른 아침. 옥천군보건소 건강증진센터에서 장년과 노년 여인들이 ~~아침 일찍부터~~ 왁자지껄한 분위기를 자아낸다. ~~소리가 흘러나온다.~~ 유방암 자조 모임 회원들이 주고받는 수다가 정겹다~~어 있는 날이가 때문.~~ 오전 10시부터 시작하~~는 모임~~이지만, 누구랄 것도 없이 더 일찍어 모인다. ~~여~~ 한 달간 쌓인 회포를 풀기 위해서다~~푼다.~~ 자연스럽게 둘러앉은 것 같지만, ~~모인 모습이지만, 그 자리에는~~ 암묵적인 규칙에 따른다~~어 있다고.~~ 입구에서 가까운 자리에 언니들이 ~~앉는다는 것인데, 언니들어~~ 먼저 와 자리를 잡으면 그 주위로 동생들이 의자를 끌고 와 큰 원을 그리며 앉는다. ~~어 만들어진다는 것.~~ 카멜롯성 원탁의 기사들에 필적할 옥천 보건소 원탁의 언니들이랄까. 격이 없이 나누는 정담~~함께 모여 이야기를 나누는~~ 모습에서 오랜 기간 끈끈 하게 다진 유대가 묻어난다. 자조 모임의 힘이다. ~~연결된 어들의 관계가 쉬어 짐작된다.~~

유방암은 연간 2만4천806건이나 발생(2020년 기준)하는, 여성 암 1위를

comment

현장을 묘사하는 첫문단 끝을 '자조모임' 으로
마무리 짓는다. 연쇄법을 써서 두 번째 문단을
자조모임설명으로 이어간다. 유방암 통계는
뒤로 돌린다.

---

* 총평: 돋보이는 기획 의도, 꼼꼼한 취재, 세밀한 묘사, 맛깔스러운 표현력이 뛰어나다. 두 번째 문단을 좀 더 매끄러운 흐름의 스토리텔링이 될수 있도록 재구성하면 좋다.

차지하는 ~~질병으로, 다른 암에 비해 일찍 발병되기 때문에 치료와 더불어~~ ~~일상생활의 회복이 무척이나 중요하다.~~ 영국 생리학자 버나드 카츠는 자조 모임을 '공통의 문제를 서로 나누고 상호 노력을 통해 공통의 불편함이나 삶을 파괴하는 문제를 해결하여 자신의 삶을 효과적으로 조절하기 위해 모인 사람들의 모임'이라고 정의한다. ~~하는데,~~ 국내에는 2000년대 초 본격적으로 도입되었다. 옥천군보건소는 유방암 환자들을 ~~위한 심리적자자 제공과~~ ~~일상생활 회복을 돕기 위해 매달 넷째 주 수요일~~마다 유방암 자조 모임을 운영한다 ~~해 오고 있다. 지난 10월 20일 진행된 모임은 목공방포레(어원면)~~ ~~의 전은아 대표의 '플레이팅 도마 만들기' 수업으로 채워졌다.~~ 유방암은 국내 여성암 1위로 매년 2만4천806명이 걸린다(2020년 기준). 그 만큼 유방암 여성들의 심리적 안정과 일상회복을 돕는 프로그램이 필요한 이유다. 옥천군에 등록된 유방암 환자는 50여 명. 그중 자조 모임에 참여하는 인원은 30명 남짓이다.

comment

통계, 수치 활용은 현장탐방기사에서 특정 현상을 일반화시켜주는 주요한 도구다. 여기서는 앞 부분 통계를 뒤로 돌려준다.

우리가 어떻게 만나게 됐냐면

박벌춘(80, 청산면) 씨와 박화자(80, 옥천읍) 씨는 자조 모임에서 만난 동갑내기 친구다. ~~신기하게도~~ 유방암 진단도 같은 나이(59세)에 받았다. 젊은 시절 담배 농사를 짓던 박벌춘 씨는 사위의 제안으로 건강검진을 받았다가 유방암을 발견했다.

"사위가 '어머니 낯빛이 너무 안 좋다'고 건강검진을 받아보라는 거야. 농사일로 피곤한 거다, 아프지도 않다고 했는데 지금 얼굴이 피곤한 얼굴이 아니라고 계속 건강검진 받자더라고. 그래서 대전에서 검진받았더니 내가 암이라는 거야. 내가 그럴 일 없다, 해서 천안에 가서 또 검사받았어. 거기서도 암이라는 진단을 받고서야 받아들였지."

박화자 씨의 경우는 조금 달랐다. "몸이 영 이상해서 직접 병원을 찾아갔어. 갑자기 피로가 너무 쌓이고 먹도 자도 못 하니까. 대전 목동엘 가서 검사받았는데, 결과 나오는 데까지 한 달이 걸렸어. 결과 기다리는 동안 무슨 병인지도 모르는 채로 아파서 밥도 못 먹으며 지냈으니 참 힘들었지."

유방암 진단을 받고 보건소를 통해 자조 모임에 나온 ~~을 알게 됐다는~~ 둘은 벌써 20년 가까운 세월을 반려인으로 지낸다. ~~함께 보내는 중이다. 옥천군에 등록된 유방암 환자는 50여 명. 그중 자조 모임에 참여하는 인원은 30명 남짓이다.~~ 자조 모임 초기에는 보건소 연락으로 사람이 모였지만, 시간이 지나면서 참여자들의 입소문을 통해 자발적으로 찾아온다~~모이기 시작했다.~~

"저희가 원래 알던 사이는 아니에요. 여기 와서 만났지요. 마을에서 유방암 수술 받은 사람이 있다는 이야기가 들리면 연락해요. 자조 모임에 참여해 보지 않겠냐고요. 왜냐면 우리도 다 겪은 고통이니 안타깝잖아. 같이 모여 이야기 나누고 하면 그 고통이 덜해지거든요. 그렇게 사람이 사람을 연결해 가며 자조 모임이 시작됐어요" (이지나 씨)

대부분의 참가자가 짧게는 5년에서 길게는 10년이 넘는 세월을 함께 보냈다. 방문보건팀 박수현 주무관은 "보통 유방암은 5년이 지나면 투병 기간이 끝나 특별한 관리를 하지 않지만, 자조 모임에 참여하시는 분 간에 관계가 잘 형성되어 꾸준히 운영하고 있다"고 설명했다.

"이젠 온라인상에서도 다른 사람과 교류할 수 있고, 워낙에 전문적인 정보를 접하기 쉬워졌잖아요. 그리고 건강을 잘 회복한 분들은 직장생활에 복귀하기도 하고요. 그래서 요즘은 신규 참여자가 줄어든 편이에요. 게다가 여전히 자신의 병을 알리는 걸 꺼리는 분도 있어요. 단순하게 '여기 와서 놀다 가면 좋지'라고 생각할 수 있는데, 투병하시는 분들께는 여기까지 걸음 하는 것만으로 큰 용기가 필요하기도 해요."

물론 한번 용기 낸 ~~내 찾은~~ 이들은 꾸준히 찾는다 ~~걸음 한다.~~ 몇 달 전 새로 합류한 참여자는 병원 진료로 이날 모임에는 참여하지 못했지만, 기존 참여자와 잘 어울린다. ~~라고 있다고.~~ 정보를 교환을 ~~하는 관계를~~ 넘어 아픔을 공유하~~는 이들이기~~에 짧은 시간에도 친해진다~~친구가 된다.~~

같은 병을 앓으니까 금방 친해졌지

10월 20일 모임의 수업을 진행한 목공방포레(이원면) 전은아 대표가 친절한 어조로 말한다. "어머님들, 오늘은 나무 도마 만들기를 할 거예요. 김치나 고기 자를 때 쓰셔도 되고, 예쁘게 음식 담는 접시처럼 사용하실 수도 있어요. 플라스틱 도마는 오래 쓰다 보면 도마 단면이 일어나면서 음식에 섞일 수 있는데 나무 도마는 그런 걱정 없이 쓰셔도 됩니다. 사포로 나무 도마의 거친 면을 먼저 다듬을게요." ~~(전은아 대표)~~

comment

각주보다 풀어 써줄 때 독자들이 더 쉽게 이해할수 있다

~~이날 강사로 나선 전은아 대표의 설명에 금세 집중하는 이들이다.~~ 보건복지부 통계에 따르면 유방암의 5년 상대 생존율은 남녀 전체 93.8%로 치료 경과가 비교적 좋다. ~~좋은 질병 중 하나~~지만, 환자들이 투병 기간 마주한 죽음에 대한 두려움과 고통은 결코 작지 않다. 그렇기에 참여자 모두 건강관리에 대한 관심이 많은 편이~~다고~~. 덕분에 의료전문가의 ~~를 초청한~~ 비만 예방 및 예방접종 강의, ~~또는~~ 영양 관리 전문가의 ~~가~~ 진행한 요리 실습 강의에 관심이 많다. ~~등 전문가 초청 강연이 인기가 높다.~~ 아울러 ~~더불어~~ 이날 프로그램과~~처럼~~ 같은 친건강에 ~~이로운~~ 제품 제작 수업에도 ~~을 만드는 활동도~~ 호응도가 높다. ~~아 좋다.~~

"우리 샴푸 비누 안 만든 지 꽤 되지 않았어? 나는 천연샴푸 비누 만드는 거 한 번 더 했으면 좋겠어. 유방암 치료를 하다 보면 머리가 빠지거든. 우리 모임은 운 좋게도 가발 쓰는 사람은 없지만, 탈모가 계속 걱정이야. 머리 한번 감으면 머리카락을 두어 번은 치워줘야 해." (전영래 씨)

~~채소 장사를 한다는~~ 황외순(70, 옥천읍) 씨는 채소를 파느라 수업에 좀 늦었다. ~~손님을 받느라 뒤늦게 도착했다.~~ 이미 나무 도마 사포질을 끝내고 오일 바르기로 넘어가는 때였다. ~~중이었~~지만, 먼저 온 이지나 씨가 자기 ~~채~~ 것을 주저하지 않고 건네~~넘겨~~ 준다. 황외순 씨가 스스럼 없이 받아 "내 것이 제일 예쁘네!"라며 ~~자나 씨가 넘겨준~~ 도마에 오일을 꼼꼼히 바른다.

~~르자,~~ 이지나 씨도 "늦게 와서 제일 좋은 거 가져가네"하며 웃음을 터트린다. 이렇게 정이 오간다.

"시간 맞춰 오려고 하는데 모임 오려고만 하면 손님이 그렇게 와. 그래서 자주 지각해(웃음). 나는 다 낫는 데 10년이 걸렸어. 유방암이 수술만 하면 끝나는 게 아니거든. 방사선 후유증이 커서 아플 때마다 덜컥 겁이 나고 그랬는데, 여기 와서 다른 사람들 후유증 이야기를 들으면서 안심했어. 그리고 여기 와서 이런 거 만들고 하면 재밌잖아." (황외순 씨)

이지나 씨는 "체질마다 증상마다 각기 다른 약을 처방 받아 후유증 정보를 얻기 어려웠는데, 자조 모임을 통해 서로의 경험을 공유하는 게 큰 힘이 된다"고 말을 덧붙였다. 서로의 고통을 잘 이해하니 대화가 잘 통할 수밖에. 최은희(60, 옥천읍) 씨와 김경남(56, 옥천읍) 씨는 모임이 끝나고서도 종종 밥을 먹으며 ~~종종~~ 시간을 보낸다. ~~내가도 한다고.~~ 자조 모임이 맺어준 좋은 친구다. ~~을 통해 좋은 친구를 사귄 격이다.~~

유방암 자조 모임은 연말을 맞아 ~~다가오는~~ 11월 말 재가암 자조 모임과 함께 하는 작은 파티를 열 계획이다. ~~어 올해의 마지막 모임을 준비하고 있다.~~ 이 합동 ~~다음~~ 모임을 마치면 ~~끝으로~~ 2달간 ~~짧은~~ 쉰다. ~~쉼을 가진 후,~~ 새해 다시 문을 연다. 그때는 더 정겹게 만나 보자고 다짐한다 ~~부지런히 모일 계획이다.~~

"코로나 유행 전에는 서로 음식 싸와서 야외로 놀러 가기도 했어. 밤도 삶아가고 옥수수도 삶아가고. 서로 싸 온 거 내놓고 먹으면 재밌지. 이제 코로나 유행도 끝났으니 날 풀리면 또 다 같이 놀러 갔으면 좋겠네." (박화자 씨)

우리 아픔을 나눠 먹자!

○○군보건소 유방암 자조 모임

○○군보건소 건강증진센터에서 아침 일찍부터 와자지껄한 소리가 흘러나온다. 유방암 자조 모임이 있는 날이기 때문. 오전 10시부터 시작하는 모임이지만, 일찍이 모여 한 달간 쌓인 회포를 푼다. 자연스럽게 모인 모습이지만, 그 자리에는 암묵적인 규칙이 있다고. 입구에서 가까운 자리에 언니들이 앉는다는 것인데, 언니들이 먼저 와 자리를 잡으면 그 주위로 동생들이 의자를 끌고 와 큰 원이 만들어진다는 것. 함께 모여 이야기를 나누는 모습에서 끈끈하게 연결된 이들의 관계가 쉬이 짐작된다.

유방암은 연간 2만4천806건이나 발생(2020년 기준)하는, 여성 암 1위를 차지하는 질병으로, 다른 암에 비해 일찍 발병되기 때문에 치료와 더불어 일상생활의 회복이 무척이나 중요하다. 영국 생리학자 버나드 카츠는 자조 모임을 '공통의 문제를 서로 나누고 상호 노력을 통해 공통의 불편함이나 삶을 파괴하는 문제를 해결하여 자신의 삶을 효과적으로 조절하기 위해 모인 사람들의 모임'이라고 정의하는데, 국내에는 2000년대 초 본격적으로 도입되었다. ○○군보건소는 유방암 환자들의 심리적지지 제공과 일상생활 회복을 돕기 위해 매달 넷째 주 수요일마다 유방암 자조 모임을 운영해오고 있다. 지난 10월 20일 진행된 모임은 목공방찔레의 전○○ 대표의 '플레이팅 도마 만들기' 수업으로 채워졌다.

우리가 어떻게 만나게 됐냐면

박○○(80) 씨와 김○○(80) 씨는 자조 모임에서 만난 동갑내기 친구다. 신기하게도 유방암 진단도 같은 나이(59세)에 받았다. 젊은 시절 담배 농사를 짓던 박○○ 씨는 사위의 제안으로 건강검진을 받았다가 유방암을 발견했다.

"사위가 '어머니 낯빛이 너무 안 좋다'고 건강검진을 받아보라는 거야. 농사일로 피곤한 거다, 아프지도 않다고 했는데 지금 얼굴이 피곤한 얼굴이 아니라고 계속 건강검진 받자더라고. 그래서 대전에서 검진받았더니 내가 암이라는 거야. 내가 그럴 일 없다, 해서 천안에 가서 또 검사받았어. 거기서도 암이라는 진단을 받고서야 받아들였지."

김○○ 씨의 경우는 조금 달랐다. "몸이 영 이상해서 직접 병원을 찾아갔어. 갑자기 피로가 너무 쌓이고 먹도 자도 못 하니까. 대전 목동엘 가서 검사받았는데, 결과 나오는 데까지 한 달이 걸렸어. 결과 기다리는 동안 무슨 병인지도 모르는 채로 아파서 밥도 못 먹으며 지냈으니 참 힘들었지."

유방암 진단을 받고 보건소를 통해 자조 모임을 알게 됐다는 둘은 벌써 20년 가까운 세월을 함께 보내는 중이다. ○○군에 등록된 유방암 환자는 50여 명. 그중 자조 모임에 참여하는 인원은 30명 남짓이다. 자조 모임 초기에는 보건소 연락으로 사람이 모였지만, 시간이 지나면서 참여자들의 입소문을 통해 모이기 시작했다.

"저희가 원래 알던 사이는 아니에요. 여기 와서 만났지요. 마을에서 유방암 수술 받은 사람이 있다는 이야기가 들리면 연락해요. 자조 모임에 참여해 보지 않겠냐고요. 왜냐면 우리도 다 겪은 고통이니 안타깝잖아. 같이 모여 이야기 나누고 하면 그 고통이 덜해지거든요. 그렇게 사람이 사람을 연결해 가며 자조 모임이 시작됐어요" (이○○ 씨)

대부분의 참가자가 짧게는 5년에서 길게는 10년이 넘는 세월을 함께 보냈다. 방문보건팀 박○○ 주무관은 "보통 유방암은 5년이 지나면 투병 기간이 끝나 특별한 관리를 하지 않지만, 자조 모임에 참여하시는 분 간에 관계가 잘 형성되어 꾸준히 운영하고 있다"고 설명했다.

"이젠 온라인상에서도 다른 사람과 교류할 수 있고, 워낙에 전문적인 정보를 접하기 쉬워졌잖아요. 그리고 건강을 잘 회복한 분들은 직장생활에 복귀하기도 하고요. 그래서 요즘은 신규 참여자가 줄어든 편이에요. 게다가 여전히 자신의 병을 알리는 걸 꺼리는 분도 있어요. 단순하게 '여기 와서 놀다 가면 좋지'라고 생각할 수 있는데, 투병하시는 분들께는 여기까지 걸음 하는 것만으로 큰 용기가 필요하기도 해요."

물론 한번 용기 내 찾은 이들은 꾸준히 걸음 한다. 몇 달 전 새로 합류한 참여자는 병원 진료로 이날 모임에는 참여하지 못했지만, 기존 참여자와 잘 어울리고 있다고. 정보를 교환하는 관계를 넘어 아픔을 공유하는 이들이기에 짧은 시간에도 친구가 된다.

같은 병을 앓으니까 금방 친해졌지

"어머님들, 오늘은 나무 도마 만들기를 할 거예요. 김치나 고기 자를 때 쓰셔도 되고, 예쁘게 음식 담는 접시처럼 사용하실 수도 있어요. 플라스틱 도마는 오래 쓰다 보면 도마 단면이 일어나면서 음식에 섞일 수 있는데 나무 도마는 그런 걱정 없이 쓰셔도 됩니다. 사포로 나무 도마의 거친 면을 먼저 다듬을게요." (전○○ 대표)

이날 강사로 나선 전○○ 대표의 설명에 금세 집중하는 이들이다. 유방암의 5년 상대 생존율은 남녀 전체 93.8%로 치료 경과가 좋은 질병 중 하나지만, 환자들이 투병 기간 마주한 죽음에 대한 두려움과 고통은 결코 작지 않다. 그렇기에 참여자 모두 건강관리에 대한 관심이 많은 편이라고. 덕분에 의료전문가를 초청한 비만 예방 및 예방접종 강의 또는 영양 관리 전문가가 진행한 요리 실습 등 전문가 초청 강연이 인기가 높다. 더불어 이날 프로그램과 같은 건강에 이로운 제품을 만드는 활동도 호응이 좋다.

"우리 샴푸 비누 안 만든 지 꽤 되지 않았어? 나는 천연샴푸 비누 만드는 거 한 번 더 했으면 좋겠어. 유방암 치료를 하다 보면 머리가 빠지거든. 우리 모임은 운 좋게도 가발 쓰는 사람은 없지만, 탈모가 계속 걱정이야. 머리 한번 감으면 머리카락을 두어 번은 치워줘야 해." (전○○ 씨)

채소 장사를 한다는 황○○(70) 씨는 손님을 받느라 뒤늦게 도착했다. 이미 나무 도마 사포질을 끝내고 오일 바르기로 넘어가는 중이었지만, 먼저 온 이○○ 씨가 제 것을 넘겨준다. 황○○ 씨가 "내 것이 제일 예쁘네!"라며 지나 씨가 넘겨준 도마에 오일을 꼼꼼히 바르자, 이지나 씨도 "늦게 와서 제일 좋은 거 가져가네"하며 웃음을 터트린다.

"시간 맞춰 오려고 하는데 모임 오려고만 하면 손님이 그렇게 와. 그래서 자주 지각해(웃음). 나는 다 낫는 데 10년이 걸렸어. 유방암이 수술만 하면 끝나는 게 아니거든. 방사선 후유증이 커서 아플 때마다 덜컥 겁이 나고 그랬는데, 여기 와서 다른 사람들 후유증 이야기를 들으면서 안심했어. 그리고 여기 와서 이런 거 만들고 하면 재밌잖아." (황○○ 씨)

이지나 씨는 "체질마다 증상마다 각기 다른 약을 처방 받아 후유증 정보를 얻기 어려웠는데, 자조 모임을 통해 서로의 경험을 공유하는 게 큰 힘이 된다"고 말을 덧붙였다. 서로의 고통을 잘 이해하니 대화가 잘 통할 수밖에. 최○○(60) 씨와 강○○(56) 씨는 모임이 끝나고서도 밥을 먹으며 종종 시간을 보내기도 한다고. 자조 모임을 통해 좋은 친구를 사귄 격이다.

유방암 자조 모임은 다가오는 11월 말 재가암 자조 모임과 함께 하는 작은 파티를 열어 올해의 마지막 모임을 준비하고 있다. 다음 모임을 끝으로 2달간 짧은 쉼을 가진 후, 새해 다시 부지런히 모일 계획이다.

"코로나 유행 전에는 서로 음식 싸와서 야외로 놀러 가기도 했어. 밤도 삶아가고 옥수수도 삶아가고. 서로 싸 온 거 내놓고 먹으면 재밌지. 이제 코로나 유행도 끝났으니 날 풀리면 또 다 같이 놀러 갔으면 좋겠네." (박○○ 씨)

6. 주민이 행정감사 참여, 광주 남구 의회*

남구의회, 광주에서 행정사무감사 주민제보 부스 유일 운영

comment

> 보통은 기관같은 주체를 앞에 쓰고 행정 내용을 뒤에 넣는다. 하지만, 이번 현장탐방 기사는 주민참여에 의미를 두기 때문에 주민을 앞에, 남구의회를 뒤에 놓는 것이 더 적절해 보인다

공원 찾은 시민들 적극적으로 의견 제시
직접 소통할 수 있어 좋아, 긍정적 반응
한 번으로 끝나지 않고 꾸준히 운영했으면…
정책은 어려워, 민원 위주의 의견 접수

comment

> 첫문장에 주격조사 2개가 연이어 등장한다. '행정사무감사는 집행기관이...'에서 '는', '이' 2개가 겹쳐 혼란을 준다. 가능한 주격조사가 1개를 쓰는 게 좋다.

~~행정사무감사는 집행기관이~~ 수행한 행정업무를 의회에서 확인·감사하~~는 제도다.~~ 지방의회의 지방정부 행정 감시 제도가 '행정사무감사'다. ~~지방의회가 정책결산과 예산심의에 개입해 지방정부를 견제하고 효율적인 행정관리 조성과 행정운영실태를 파악하는데 의의를 둔다.~~ 광주 남구의회가 행정사무감사~~에~~를 앞두고 주민을 참여시킨다. 광주에서는 유일하다. 남구의회가 ~~주민의 의견을 듣기~~ 위해 11월 1일부터 3일 동안 푸른길 공원에서 운영하는 행정사무감사용 주민제보 부스에 ~~다녀왔다~~ 를 방문했다.

---

* 총평: 리드가 적절하다. 현장 묘사에서도 현장감이 잘 묻어난다. 하지만, 문장표현의 적확성을 높일 필요가 있다. 주어, 목적어, 술어의 문법적, 때로는 자연스러운 흐름에 맞는 배치에 좀더 관심을 기울이면 좋다.

"주민과 소통하려는 자세가 매우 좋다고 생각해요. ~~단발성으로 끝나는 게 아니라 수시로 이런 자리를 마련했으면 좋겠어요"~~

2일 오전 10시께 광주 남구 진월동 푸른길 공원. 공원 한편에 설치된 부스가 눈에 들어온다. ~~에서~~ 2023년 행정사무감사에 주민들~~와~~ 의견을 반영한 ~~하겠~~다는 큼직한 현수막이 걸렸다. ~~려있었다.~~ 공원을 찾아 현수막을 보고 의견을 내는 주민이 간간이 눈에 띈다. ~~이날 푸른길에 있던~~ 주민들은 주로 60대 이상의 노인층이다. ~~으로 이들은 일상의 불편함을 해결해달라는 민원을 접수했다.~~

한 70대 남성은 ~~어~~ 푸른길 공원에 쌓인 낙엽을 치워달라는 민원을 구청에 넣었지만 한번도 오지 않았다고 불만을 터트렸다. 또, 한 중년 여성은 ~~어~~ 서구에는 맨발로 걷는 거리가 있는데 남구는 왜 없냐며 의원들에게 화를 냈다. ~~내고 가는 모습을 볼 수 있었다.~~ ~~이외에도~~ "체육관 강사의 수를 늘려달라", "움푹 파인 ~~패여 있는~~ 도로를 포장했으면 좋겠다", "집값이 올라 기초연금을 받지 못하고 있다"... 등 현장에 나온 구의원들 앞으로 다양한 민원성 의견이 쏟아졌다. ~~다양한 민원들이 제안됐다.~~

여러 민원을 접수한 ~~하면서도 미소를 잃지 않았던~~ 황경아 의장은 "의장이 되면 직접 현장에 나가 주민의 의견을 듣겠다고 했다. 의원님들이 적극

60

적으로 참여해 부스를 열 수 있었다"며 "올해가 2번째 운영인데 다양한 의견을 듣기 위해 노력하고 있다. 내년에는 더 열심히 하겠다"고 적극적인 의지를 내비쳤다.태도를 보였다.

comment

현장 이야기를 마무리 한뒤, 지난해 성과를 정리해 줘야한다. 맨 뒤로 돌린다

남구의회는 2022년에 운영한 행정사무감사 주민제보의 경우 기획총무위원회 12건, 사회건설위원회 11건을 제보받았다.

2022년 행정사무감사 시정 및 처리요구 사항에서 기획총무위원회의 경우 기획실 4건, 홍보담당관 2건, 감사담당관 5건, 주민행복담당관 3건, 자치행정국 26건, 경제문화환경국 33건으로 총 73건 이었다.

사회건설위원회의 경우 희망복지국 32건, 안전도시국 40건, 보건소 22건으로 총 94건이었다.

행정사무감사 시정·처리 요구사항 처리결과 167개 안건 중 완료 43개, 단기추진(1년 이하)77개, 장기추진(1년 초과) 41개, 추진곤란이 6개였다.

남구 의회에서 설치한 주민제보 부스에 주민들 반응은 매우 긍정적이다. 안 반응이었다. 주민센터에 직접 말하기엔 부담스럽고 민원을 넣어는타 해도 해결된다는 보장이 없기 때문이다. 무엇보다 의원들이 직접 현장에서 주민들과 소통하는 자세를 긍정적으로 평가했다.

진월동에 사는 주민 최씨(74·여)는 "평상시에 느끼는 불편함에 대해 말할 곳이 없었는데 부스를 통해 직접 말할 수 있었다"며 "주민들의 의견을 직접 듣고 매우 잘하고 있다"고 긍정적으로 평가했다. 칭찬했다.

백운동에 거주하는 박지숙(80·여)는 "직접 나와 다양한 주민들의 의견을 조사하는 부스 자체가 좋은 것 같다"며 "수시로 주민들의 의견을 듣는 자리가 마련됐으면 좋겠다"고 부스에 대해 호평주문했다.

하지만, 아쉬운 대목도 드러났다. ~~반면에 주민재보 부스에 대해 칭찬을 하면서도 아쉬움을 드러내는 의견도 존재했다.~~

행정사무감사는 지역주민의 의견을 반영해 정책을 ~~결정하는자~~ 감시하는 역할이다. 하지만 이날 부스에 접수된 사안들은 ~~개인의 불편함을 해결해달라는~~ 대부분 민원이었다. ~~또한,~~ 무엇보다 부스에 의견을 낸 시민들은 대부분 남구의~~에서 하는~~ 정책에 대해 모른다고~~는 답변을~~ 했다. ~~주민들은 구청에서 집행된 정책이나 예산에 사용에 대해서 알기 수도 없고 어렵다는 것이다.~~며 ~~회의적인 반응을 보였다.~~

진월동와 주민 송명희씨(57·여)는 "행정업무를 하는 사람만 정책에 대해 알지 일반 시민들 잘 모른다"며 "나도 남구에서 어떤 정책이 있는지 모르기 때문에 이런 부스가 있어도 정책에 관해 말하기 어렵다. 감사에 앞서 정책을 알리는데 먼저 집중했으면 좋겠다"며 정책홍보의 필요성을~~에 대한 중요성을~~ 강조했다.

나아가 ~~또한, 행정사무감사의 시커와~~ 이미 사용된 예산심의에 집중된 감사에 대해서도 비판적 ~~와~~ 의견이 나왔다.

주월동 주민 김봉인(남·70)은 "연말에 아파트 보도블록 수리를 많이 하는데 주민들은 우스개소리로 예산이 남아서 수리를 하는 거 아니냐고 한다. 시민들이 예산 사용에 대해 그런 인식이 있다"며 "사용된 예산 감사에 집중하는 것보다 수시로 감사가 이루어져 정책에 실질적으로 주민들의 의견이 반영됐는지 감사가 이루어지면 좋겠다"고 지적했다. ~~며 감사에 대해 비판했다.~~

~~이날 부스에 참여한~~ 정창수 남구의회 기획총무위원장은 "개인 민원이 미약해 보이지만 정책개선에 도움이 된다"며 감사 시기에 대해서도 "~~그분들의 의견을 하나하나 취합하면 남구민들의 민원 사항이 된다~~"고 했다.

어어 정 위원장은 "감사가 11월에 고정될 이유는 없다. 현안이나 사건·사고에 따라, 지역 특성에 따라서 연중 언제든지 필요할 때 탄력적으로 해야 한다"고 밝혀 ~~며 "행정사무감사를 우리 지역에 맞게끔 탄력적으로 운영할 필요가 있다"며~~ 주민들의 상시 감사 의견에 뜻을 같이했다. ~~가 평소에 이루어져야 한다는 의견에 동의했다.~~

한편, 남구의회는 지난해 ~~2022년에 운영한~~ 행정사무감사에서 ~~주민제보의 경우~~ 기획총무위원회 12건, 사회건설위원회 11건 등 23건의 주민제보를 받았다. ~~을 제보받았다.~~

comment

앞에 있던 작년 실적 소개를 이곳으로 옮겨 다음처럼 간략히 소개한다. 현장탐방기사에 관의 행정업무를 너무 자세하게 소개하면 독자의 관심과 흥미를 떨어트린다

또, ~~2022년~~ 행정사무감사 ~~시정 및~~ 처리요구 사항에서 ~~기획총무위원회의 경우 기획실 4건, 홍보담당관 2건, 감사담당관 5건, 주민행복담당관 3건, 자치행정국 26건, 경제문화환경국 33건으로 총 73건 이었다.~~

~~사회건설위원회의 경우 희망복지국 32건, 안전도시국 40건, 보건소 22건으로 총 94건이었다.~~

~~행정사무감사 시정·처리 요구사항 처리결과 167개 안건 중 완료 43건을 완료했고, 118건은 장단기 과제로 추진중이다. 6건은 개, 단기추진(1년 이하)77개, 장기추진(1년 초과) 41개, 추진곤란처리됐다~~어 ~~6개였다.~~

남구의회, 광주에서 행정사무감사
주민제보 부스 유일 운영

공원 찾은 시민들 적극적으로 의견 제시
직접 소통할 수 있어 좋아, 긍정적 반응
한 번으로 끝나지 않고 꾸준히 운영했으면…
정책은 어려워, 민원 위주의 의견 접수

행정사무감사는 집행기관이 수행한 행정업무를 의회에서 확인·감사하는 제도다. 지방의회가 정책결산과 예산심의에 개입해 지방정부를 견제하고 효율적인 행정관리 조성과 행정운영실태를 파악하는데 의의를 둔다. 행정사무감사를 앞두고 남구의회가 주민의 의견을 듣기 위해 11월 1일부터 3일 동안 푸른길 공원에서 운영하는 주민제보 부스를 방문했다.

"주민과 소통하려는 자세가 매우 좋다고 생각해요. 단발성으로 끝나는 게 아니라 수시로 이런 자리를 마련했으면 좋겠어요"

2일 오전 10시께 광주 남구 진월동 푸른길 공원. 공원 한편에 설치된 부스에서 2023년 행정사무감사에 주민들의 의견을 반영하겠다는 현수막이 걸려있었다. 이날 푸른길에 있던 주민들은 주로 60대 이상의 노인층으로 이들은 일상의 불편함을 해결해달라는 민원을 접수했다.

70대 남성이 푸른길에 쌓인 낙엽을 치워달라는 민원을 구청에 넣었지만 한번도 오지 않았다고 불만을 터뜨렸다. 또, 한 중년 여성이 서구에는 맨발로 걷는 거리가 있는데 남구는 왜 없냐며 의원들에게 화를 내고 가는 모습을 볼 수 있었다. 이외에도 남구체육관 강사의 수를 늘려달라, 패여 있는 도로를 포장했으면 좋겠다, 집값이 올라 기초연금을 받지 못하고 있다 등 다양한 민원들이 제안됐다.

여러 민원을 접수하면서도 미소를 잃지 않았던 황경아 의장은 "의장이 되면 직접 현장에 나가 주민의 의견을 듣겠다고 했다. 의원님들이 적극적으로 참여해 부스를 열 수 있었다"며 "올해가 2번째 운영인데 다양한 의견을 듣기 위해 노력하고 있다. 내년에는 더 열심히 하겠다"고 적극적인 태도를 보였다.

남구의회는 2022년에 운영한 행정사무감사 주민제보의 경우 기획총무위원회 12건, 사회건설위원회 11건을 제보받았다.

2022년 행정사무감사 시정 및 처리요구 사항에서 기획총무위원회의 경우 기획실 4건, 홍보담당관 2건, 감사담당관 5건, 주민행복담당관 3건, 자치행정국 26건, 경제문화환경국 33건으로 총 73건 이었다.

사회건설위원회의 경우 희망복지국 32건, 안전도시국 40건, 보건소 22건으로 총 94건이었다.

행정사무감사 시정·처리 요구사항 처리결과 167개 안건 중 완료 43개, 단기추진(1년 이하)77개, 장기추진(1년 초과) 41개, 추진곤란이 6개였다.

남구 의회에서 설치한 주민제보 부스에 주민들은 매우 긍정적인 반응이었다. 주민센터에 직접 말하기엔 부담스럽고 민원을 넣는다 해도 해결된다는 보장이 없기 때문이다. 무엇보다 의원들이 직접 현장에서 주민들과 소통하는 자세를 긍정적으로 평가했다.

진월동에 사는 주민 최씨(74·여)는 "평상시에 느끼는 불편함에 대해 말할 곳이 없었는데 부스를 통해 직접 말할 수 있었다"며 "주민들의 의견을 직접 듣고 매우 잘하고 있다"고 칭찬했다.

백운동에 거주하는 박지숙(80·여)는 "직접 나와 다양한 주민들의 의견을 조사하는 부스 자체가 좋은 것 같다"며 "수시로 주민들의 의견을 듣는 자리가 마련됐으면 좋겠다"고 부스에 대해 호평했다.

반면에 주민제보 부스에 대해 칭찬을 하면서도 아쉬움을 드러내는 의견도 존재했다.

행정사무감사는 지역주민의 의견을 반영해 정책을 결정하는지 감시하는 역할이다. 하지만 이날 부스에 접수된 사안들은 개인의 불편함을 해결해 달라는 민원이었다. 또한, 부스에 의견을 낸 시민들은 대부분 남구에서 하는 정책에 대해 모른다는 답변을 했다. 주민들은 구청에서 집행된 정책이나 예산에 사용에 대해서 알 수도 없고 어렵다며 회의적인 반응을 보였다.

　　진월동의 주민 송명희씨(57·여)는 "행정업무를 하는 사람만 정책에 대해 알지 일반 시민들 잘 모른다"며 "나도 남구에서 어떤 정책이 있는지 모르기 때문에 이런 부스가 있어도 정책에 관해 말하기 어렵다. 감사에 앞서 정책을 알리는데 먼저 집중했으면 좋겠다"며 정책홍보에 대한 중요성을 강조했다.

　　또한, 행정사무감사의 시기와 사용된 예산심의에 집중된 감사에 대해서도 비판의 의견이 나왔다.

　　주월동 주민 김봉인(남·70)은 "연말에 아파트 보도블록 수리를 많이 하는데 주민들은 우스개

　　소리로 예산이 남아서 수리를 하는 거 아니냐고 한다. 시민들이 예산 사용에 대해 그런 인식이 있다"며 "사용된 예산 감사에 집중하는 것보다 수시로 감사가 이루어져 정책에 실질적으로 주민들의 의견이 반영됐는지 감사가 이루어지면 좋겠다"며 감사에 대해 비판했다.

　　이날 부스에 참여한 정창수 기획총무위원장은 "개인 민원이 미약해 보이지만 정책개선에 도움이 된다"며 "그분들의 의견을 하나하나 취합하면 남구민들의 민원 사항이 된다"고 했다.

　　이어 정 위원장은 "감사가 11월에 고정될 이유는 없다. 현안이나 사건·사고에 따라, 지역 특성에 따라서 연중 언제든지 필요할 때 해야 한다"며 "행정사무감사를 우리 지역에 맞게끔 탄력적으로 운영할 필요가 있다"며 감사가 평소에 이루어져야 한다는 의견에 동의했다.

7. 희비 엇갈린 오성환·김기재 선거캠프*

출구조사 국민의힘 우세에
국힘 '환호성'.. 민주당 '탄식'
오성환, 사전투표부터 표차 벌려
자정 넘기고 당선 확신

comment

절제되고 간결하며 균형잡힌 제목으로
흠잡을 데 없다..

comment

리드에서 당진시장선거라는 것 밝혀줘야
한다. '선거' 단어가 2개 겹치므로 앞에 작은
따옴표를 넣어준다.

'6·1 전국동시지방선거' 당진시장 선거에서 국민의 힘 오성환 당선인이 1만 240표 차이로 승리를 거뒀다. 지역정가에서는 대선 직후 치러지며 투표율이 저조한 탓에 당진 더불어민주당과 국민의힘은 지지층 표 이탈을 우려하면서도 내심 1% 내외 표차를 내다봤다. 하지만 16.03% 큰 차이를 보였다. 와 가능성으로 승리를 기대했다.

2일 새벽 1시경, 오성환 후보의 당선이 확정됐고, 오성환 후보 캠프의 분위기는 달아올랐던 반면 김기재 후보 캠프는 침울함으로 가득했다. 이에 본지는 예상 밖 결과를 낸 개표 당일 양당 선거캠프의 현장 상황을 스케치 했다.

---

* 총평: 제목과 소제목이 간결한 게 인상적이다. 모범답안 같은 제목이다. 정치 사안은 제목에서부터 산술적 균형성 필요하다. 적절하게 다뤘다. 소제목에서 객관적 사실을 전달하고. 문단 제목도 간명하다. 기본적인 팩트를 문장 속에 넣어주는 기법을 보강할 필요가 있다. 세밀한 현장 취재한 흔적도 역력하다. 대신 다양한 용언 즉 형용사와 동사를 구사하며 현장감을 높여준다.

이미 당선 예상한 국민의힘

"10. 9. 8. 7..." 저녁 8시 정각 출구조사결과가 전파를 탔다. 광역단체장 17곳 중 국민의힘이 최소 10석에서 최대 13석을 얻을 것이라는 전망이 나왔다. 출구조사 결과를 접한 오성환 선거캠프에서는 박수와 함성이 터졌다. ~~저나왔다.~~

한 지지자는 "전국적으로 국민의힘 분위기가 많이 좋아졌던 만큼 출구조사에서 좋은 결과를 얻을 것으로 예상했지만, 이 만큼일 줄 몰랐다"면서도 "그래도 광역단체장 대상 출구조사인 만큼 아직 당진은 섣부르게 안심할 수 없다"며 내심 초조해하는 눈치였다.

국민의힘 우세 소식이 전해지고, 초반 한적했던 오성환 선거캠프에는 개표 현황을 듣기 위해 국민의힘 당진당협 관계자들과 지지자들이 하나둘 모여 들었다 ~~어가 시작했다.~~

comment

여기서부터 각 문장마다 '하다'체 동사로 끝난다. '하다'체에서 벗어나 다양한 술어를 구사하는 고민이 필요하다.

20시 40분 이후, 개표소에 있던 참관인에게 사전투표함 개표에서 오성환 후보의 표가 김기재 후보보다 많다는 소식을 접한 캠프 관계자들은 "잘 나왔다. 다행이다"라며 안심하는 분위기였다~~했다.~~ 그러나 시내권에서 김기재 후보보다 적은 표차를 얻었다는 소식에는 "이러다 뒤집히는 거 아닌가 모르겠다. 본투표함 언제 열리나"라며 초조한 모습도 보였다~~해했다.~~

그럼에도 불구하고 국민의힘이 우세할 것이라는 출구조사 결과 때문인지 캠프 분위기는 달궈지고 있었다. 이후 개표소의 개표가~~는~~ 생각보다 늦어지면서, 관계자들과 취재진도 지쳐갈 무렵인 22시 20분경 오성환 후보가 캠프에 모습을 드러냈다~~도착했다.~~ 오 후보는 승리를 예상한 듯, 지지자들과 인사를 나누며 미소를 잃지 않았다~~자리에 착석했다.~~

희망 놓치 않던 민주당

투표가 끝나고, ~~출구조사 결과를 보기 위해~~ 민주당 김기재 후보 선거캠프에도 지지자들과 관계자들이 출구조사 결과를 초조하게 기다렸다. ~~하나둘 모이기 시작했다.~~ 긴장된 표정이 역력한 지지자들은 국민의 힘의 우세가 예상된다는 소식에 탄식이 흘러나왔다. ~~을 내뱉었고,~~ 그러면서도 힘내자며 ~~라는 응원을 보내며~~ 개표 결과보도에 눈을 떼지 않았다. ~~를 주시했다.~~

한만석 총괄선거대책위원장은 "출구조사 결과, 할 말이 없다"며 "충청남도 도지사도 승리가 어려워진 상황 속에서 전체적인 분위기가 국민의 힘으로 기울어지고 있어 걱정되지만, 그래도 당진시장은 아직 희망이 있다"고 ~~말하며~~ 마음을 다졌다.

그러나 사전투표 개표가 진행되면서 김기재 후보 캠프장의 분위기는 점점 어두워졌다. ~~침체됐다.~~ 일부 더불어민주당 지역별 개표에서 우세지역을 개표하고 있는 소식에 몇몇 지지자들만 박수칠 뿐, 곳곳에서 한숨 소리가 새어 나왔다.

이런 상황에도 불구하고 김기재 후보 관계자들은 희망을 버리지 않는 모습이었다. 본인들이 분석한 예상표를 보며 "당진시장은 1000명 정도의 작은 격차로 당락이 결정될 것"이라면서 ~~고 본다"며~~ "당진 지역별로 분석해본 결과, 김기재 후보는 투표자수 6만 3678명 중에 3만 2595명의 표를 받아 승리하는 ~~할 것이라고 예상되며~~ 초박빙 승부가 펼쳐질 것"이라고 기대감을 보였다.

당선 만끽한 오성환

2일 자정을 ~~어~~ 넘기~~어가~~며, 오성환 선거캠프에서는 표차가 벌어진 소식을 접할 때마다 오성환 이름 석자가 뿜어져 나왔다. 에어컨도 무용지물이 될 만큼 달아오른 분위기였다. ~~속에서 오성환 이름 석 자를 외쳤다.~~ 오성환 후보 부부는 차분하게 앉아 개표 방송을 시청하며 상황을 지켜봤다.

이즈음 크라고 캠프 관계자들의 움직임이 분주해졌다. 승리를 확신하고 ~~한 캠프에서는~~ 당진시장 당선 기자회견을 준비에 들어갔다. ~~하고 있었~~

카 때문이다. 기자회견이 준비되면서부터 이전까지 보이지 않았던 취재진 타른 언론사들과 시청 관계자들은 새로운 당진시장을 맞이하기 위해 캠프에 속속 얼굴을 내밀었다. 도착했다.

00시 50분경, 오성환 선거캠프 한광현 사무국장은 "오래 기다리셨다. 여러분의 성원성화 덕분에 당진시장에 당선됐다. 발로 뛰는 오성환 후보다"라며 소개했고, 오성환 후보는 당선 소감을 밝혔다. 발표했다.

오성환 당진시장 당선인은 선거캠프 관계자들과 지지자 그리고 캠프를 방문한 모든 사람들과 포옹하고, 악수하며 인사를 나눴다. 이후 사람들이 떠난 캠프에서 오성환 당선인과 관계자들 몇몇은 개표방송을 더 지켜보며 당선의 기쁨을 만끽했다.

> **comment**
> 여기에서 당선 소감 직접 화법 인터뷰를 넣으면 좋다

죄송하다..인사 남긴 김기재

우세를 점쳤던 더불어민주당은 당진 1·2·3동에서 승리할 것으로 기대했지만, 결국 끝내 표차를 좁히지 못하자 김기재 후보 캠프는 어두운 분위기에 휩싸였다. 지지자들은 침통한 표정을 감추지 못하고 하나 둘 자리에서 일어나 선거 캠프를 떠났다. 나가 시작했다. 초반 지지자들로 꽉 찼던 김기재 후보 캠프는 이내 사전투표 결과에 좋지 않은 성적을 거두자, 반 이상 자리를 떠나고 썰렁한 모습이었다.

> **comment**
> 문장이 길고 주격조사가 여러개 사용돼 혼란스럽다. 문장 길이를 줄이고 간결한 표현으로 혼란을 줄여야 한다.

캠프 관계자에 따르면 "이미 상황이 끝났다고 판단하고 다들 자리를 떠난 것 같다"고며 "그래도 기대했었는데 결과가 참혹하다"고 말하며 속상함을 감추지 못하면서도, "아직 본투표 개표 결과가 남았기에 혹시나 하는 바람으로 기다리려고 한다"며 희망의 끈을 놓지 못했다.

김기재 후보 선거캠프와 같은 건물이지만, 다른 층에 위치한 홍기후 충남도의회 후보 선거캠프 분위기 역시 침울하기는 마찬가지였다.

본투표 개표가 시작됐다는 소식이 전해지고, 일부 지지자들은 선거캠프로 되돌아 왔다. 그리고 오성환 후보의 당선이 유력해지던 2일 자정을 넘기며 패배가 확실해진 긴 시각, 선거캠프에 모습을 드러낸 김기재 후보는 지지자들에게 "정말 죄송하다"는 말만 남기고 자리를 떠났다.

> 승자와 패자의 엇갈린 표정 속에 뜨거웠던 당진시장 선거는 막을 내렸다. 지금의 환호성이나 탄식이 4년 후에도 되풀이 될 수 있을지는 각자의 몫에 달렸다.

comment

여운을 남기며 미래를 전망하는 기사로 마무리하면 현장탐방기사의 울림이 오래간다

[현장스케치] 희비 엇갈린 오성환·김기재 선거캠프

출구조사 국민의힘 우세에
국힘 '환호성'.. 민주당 '탄식'
오성환, 사전투표부터 표차 벌려
자정 넘기고 당선 확신

6·1 전국동시지방선거에서 오성환 당선인이 1만 240표 차이로 승리를 거뒀다. 대선 직후 치러지며 투표율이 저조한 탓에 당진 더불어민주당과 국민의힘은 지지층 표 이탈을 우려하면서도 내심 1%의 가능성으로 승리를 기대했다.

2일 새벽 1시경, 오성환 후보의 당선이 확정됐고, 오성환 후보 캠프의 분위기는 달아올랐던 반면 김기재 후보 캠프는 침울함으로 가득했다. 이에 본지는 개표 당일 양당 선거캠프의 현장 상황을 스케치했다.

이미 당선 예상한 국민의힘

"10. 9. 8. 7..." 광역단체장 17곳 중 국민의힘이 최소 10석에서 최대 13석을 얻을 것이라는 출구조사 결과를 접한 오성환 선거캠프에서는 박수와 함성이 터져나왔다.

한 지지자는 "전국적으로 국민의힘 분위기가 많이 좋아졌던 만큼 출구조사에서 좋은 결과를 얻을 것으로 예상했지만, 이 만큼일 줄 몰랐다"면서도 "그래도 광역단체장 대상 출구조사인 만큼 아직 당진은 섣부르게 안심할 수 없다"며 내심 초조해하는 눈치였다.

국민의힘 우세 소식이 전해지고, 초반 한적했던 오성환 선거캠프에는 개표 현황을 듣기 위해 국민의힘 당진당협 관계자들과 지지자들이 하나둘 모이기 시작했다.

20시 40분 이후, 개표소에 있던 참관인에게 사전투표함 개표에서 오성환 후보의 표가 김기재 후보보다 많다는 소식을 접한 캠프 관계자들은 "잘 나왔다. 다행이다"라며 안심했다. 그러나 시내권에서 김기재 후보보다 적은 표차를 얻었다는 소식에는 "이러다 뒤집히는 거 아닌가 모르겠다. 본투표함 언제 열리나"라며 초조해했다.

그럼에도 불구하고 국민의힘이 우세할 것이라는 출구조사 결과 때문인지 캠프 분위기는 달궈지고 있었다. 이후 개표소의 개표는 생각보다 늦어지면서, 관계자들과 취재진도 지쳐갈 무렵인 22시 20분경 오성환 후보가 캠프에 도착했다. 오 후보는 승리를 예상한 듯, 지지자들과 인사를 나누며 자리에 착석했다.

희망 놓치 않던 민주당

투표가 끝나고, 출구조사 결과를 보기 위해 김기재 후보 선거캠프에도 지지자들과 관계자들이 하나둘 모이기 시작했다. 긴장된 표정이 역력한 지지자들은 국민의 힘의 우세가 예상된다는 소식에 탄식을 내뱉었고, 힘내라는 응원을 보내며 개표 결과를 주시했다.

한만석 총괄선거대책위원장은 "출구조사 결과, 할 말이 없다"며 "충청남도 도지사도 승리가 어려워진 상황 속에서 전체적인 분위기가 국민의 힘으로 기울어지고 있어 걱정되지만, 그래도 당진시장은 아직 희망이 있다"고 말하며 마음을 다졌다.

그러나 사전투표 개표가 진행되면서 김기재 후보 캠프장의 분위기는 점점 침체됐다. 더불어민주당 지역별 개표에서 우세하고 있는 소식에 몇몇 지지자들만 박수칠 뿐, 곳곳에서 한숨 소리가 새어 나왔다.

이런 상황에도 불구하고 김기재 후보 관계자들은 희망을 버리지 않는 모습이었다. 본인들이 분석한 예상표를 보며 "당진시장은 1000명 정도의 작은 격차로 당락이 결정될 것이라고 본다"며 "당진 지역별로 분석해본 결과, 김기재 후보는 투표자수 6만 3678명 중에 3만 2595명의 표를 받아 승리할 것이라고 예상되며 초박빙 승부가 펼쳐질 것"이라고 기대감을 보였다.

당선 만끽한 오성환

2일 자정이 넘어가며, 오성환 선거캠프에서는 표차가 벌어진 소식을 접할 때마다 에어컨도 무용지물이 될 만큼 달아오른 분위기 속에서 오성환 이름 석 자를 외쳤다. 오성환 후보 부부는 차분하게 앉아 개표 방송을 시청하며 상황을 지켜봤다.

그리고 캠프 관계자들의 움직임이 분주해졌다. 승리를 확신한 캠프에서는 당진시장 당선 기자회견을 준비하고 있었기 때문이다. 기자회견이 준비되면서부터 이전까지 보이지 않았던 다른 언론사들과 시청 관계자들은 새로운 당진시장을 맞이하기 위해 캠프에 속속 도착했다.

00시 50분경, 오성환 선거캠프 한광현 사무국장은 "오래 기다리셨다. 여러분의 성화 덕분에 당진시장에 당선됐다. 발로 뛰는 오성환 후보다"라며 소개했고, 오성환 후보는 당선 소감을 발표했다.

오성환 당진시장 당선인은 선거캠프 관계자들과 지지자 그리고 캠프를 방문한 모든 사람들과 포옹하고, 악수하며 인사를 나눴다. 이후 사람들이 떠난 캠프에서 오성환 당선인과 관계자들 몇몇은 개표방송을 더 지켜보며 당선을 만끽했다.

죄송하다..인사 남긴 김기재

더불어민주당은 당진 1·2·3동에서 승리할 것으로 기대했지만, 결국 표차를 좁히지 못하자 김기재 후보 지지자들은 침통한 표정을 감추지 못하고 자리에서 일어나 선거 캠프를 떠나기 시작했다. 초반 지지자들로 꽉 찼던 김기재 후보 캠프는 사전투표 결과에 좋지 않은 성적을 거두자, 반 이상 자리를 떠나고 썰렁한 모습이었다.

캠프 관계자에 따르면 "이미 상황이 끝났다고 판단하고 다들 자리를 떠난 것 같다"며 "그래도 기대했었는데 결과가 참혹하다"고 말하며 속상함을 감추지 못하면서도, "아직 본투표 개표 결과가 남았기에 혹시나 하는 바람으로 기다리려고 한다"며 희망의 끈을 놓지 못했다.

　김기재 후보 선거캠프와 같은 건물이지만, 다른 층에 위치한 홍기후 충남도의회 후보 선거캠프 분위기 역시 침울하기는 마찬가지였다.

　본투표 개표가 시작됐다는 소식이 전해지고, 일부 지지자들은 선거캠프로 되돌아 왔다. 그리고 오성환 후보의 당선이 유력해지던 2일 자정을 넘긴 시각, 선거캠프에 모습을 드러낸 김기재 후보는 지지자들에게 "정말 죄송하다"는 말만 남기고 자리를 떠났다.

8. 대전의 첫마을 '철공소 거리', 부활 날갯짓*

태전의 첫 마을, ~~70년 쇠락해 온~~ '철공소 거리' 살아났다

comment

기사를 읽어보면 70년 동안 쇠퇴가 아니라 70년대부터 쇠퇴이므로 용어 변경이 필요하다.

착한 채소값 ~~싸거~~로 잘 알려진 ~~유명한~~ 대전역 앞 '역전시장'을 ~~구경하며~~ 걷다 보면 시장 ~~끄트머리~~끝자락에서 낯선 풍경과 마주친다~~을 만나게 된다~~. 세상의 ~~온갖~~ 모든 기계와 부품들이 다 있을 것 같은 분위기, 작은 공장과 기계상들이 모여 있는 '원동 철공소 거리'다. 도로명 주소는 '창조길'. 골목 ~~초입~~어귀에 장승처럼 우뚝 선 ~~설치된 거리~~ 안내지도부터 색다르다.~~는~~ 크고 작은 기계부품들을 용접해 만들어 투박하면서도 상징적이다.~~졌는데,~~ 기용주물, 만석기계, 진성정밀, 태성금속... 등 동네 철공소 31곳의 이름과 위치가 빼곡히 얼굴을 내민다.~~꼼꼼하게 표시돼 있다.~~

comment

문장이 길어지는 것을 막고 간결하게 줄이며 속도감 있게 묘사한다. 그래야 독자들이 현장속으로 들어가는 느낌을 받는다.

한자로 '으뜸 원(元)'을 쓰는 원동(元洞)은~~;~~ 1905년 경부선 개통 뒤 대전역 주변에 형성된 대전의 '첫 동네'이다. 일제강점기에는 철도 관사촌과 일본 사찰, 미곡검사소 등이 있었다. 지금도 ~~이곳에는~~ 대전 최초의 동사무소인 '원동사무소' 건물이 자리를 지킨다. ~~남아 있다.~~

comment

한자를 넣어준다

---

* 총평: 구성능력이 탁월하다. 현장 분위기 묘사와 역사적 배경 설명, 그리고 현장 인터뷰를 적절하게 섞었다. 문장력도 빼어나다. 세부적인 몇 가지 지적하면 우선 '하다'체에서 벗어나 좀 더 다양한 어미 구사가 필요하다. 긴 문장은 짧게 줄여 독자들이 더 쉽게 이해할 수 있도록 하면 좋다.

이곳에 철공소들이 하나둘~~씩~~ 자리잡기 시작한 건 1950년 대전 최초의 공업사이자 국내에서 처음으로 공작기계를 제작한 남선기공이 들어서면서다. 남선기공을 중심으로 먼저 기계·부품상들이 몰렸다.~~고~~ 이어 남선기공에서 일을 배운 기술자들이 독립해 주변에 ~~다른~~ 공장을 차리며 철공소 거리를 완성~~커도~~ 했다. 남선기공이 1975년 대덕구 대화동의 대전1산업단지로 이전한 뒤, 그 터엔 한국특수주강·원동공업사 등이 들어왔다. '미니공단'으로 불리며 호황을 누리던 1970년대 후반에는 철공소 기술자들을 상대로 한 음식점과 술집, 여관도 불야성을 이뤘다~~덩달아 성업했다~~.

철공소 거리의 사람들

철공소 거리 유일의 주물 기술자인 기용주물 사장 송기룡(74)씨는 17살에 남선기공에 입사하며 원동과 인연을 맺었다. "주물이 뭔가요?"라고 묻자, 나무 거푸집에 짙은 흑색의 주물모래를 넣어 틀을 만드는 시범을 보이며 "녹인 쇳물을 이 틀에 부어 굳으면 원하는 모양의 금속 제품이 된다. 이게 주물"이라고 말하며 웃는다. 군에 입대하며 그만뒀던 주물 일을 다시 시작한 건 27살 때다. 동구 산내동의 주물공장에서 기술을 더 익히고 1984년 원동에 꿈에 그리던 '내 공장'을 차렸다. 송씨는 "저기도 남선기공 자리"라며 붉은 벽돌로 지어진 공장 담벼락을 가리켰다.

남선기공과도 한국특수주강이도 '큰 공단'으로 이사 가고 ~~나서,~~ 원래 있던 공장은 칸칸이 나뉘어 ~~구획해~~ 철공소들에 임대됐다~~세를 줬다고 했~~다. ~~지금은~~ 현재 역전시장 공공주차장이 ~~된 곳~~도 세를 든 철공소로 빼곡했다. ~~빽빽했다고 한다.~~ 1979년 대덕구에 조성된 대전2산업단지로~~가~~ 생기면~~서 그쪽으로~~ 업체들이 이전한 뒤에도~~하는 가게도 있었지만,~~ 1990년대 후반까지만 ~~해도~~ 철공소 거리에~~는~~ 기계 돌아가는 소리가 요란하게 울려 퍼졌다.~~했다는 것이 이곳의 장인과 상인들 말이다.~~

comment

인용문장이 길다. 간결하게 끊어 쉽게 이해할수 있도록 해준다. '하다'체가 많다. 다양한 술어로 바꿔 준다.

덕재기공의 오덕세(76)씨 인생역정을 들어보자.~~는~~ 국민학생 때 원동에서 빙과 장사에 ~~이어를 했다.~~ ~~더 자라서는~~ 원동 옆 인동시장에서 채소를 배달했다.~~을 했고,~~ 그러다 "기술을 배워두면 좋다"는 얘기에 동방기계를 거쳐 1964년 남선기공에 ~~발을 들였다~~입사했다.

comment

한 문장이 3줄이다. 3문장으로 끊어보자.

"주강(전기로 녹인 쇳물로 기계나 부품을 만드는 것) 기술을 배웠어. 한 20년 일을 배우고 1985년 남선기공 자리 한쪽에서 내 공장을 시작했지. 그때는 이 주변에 식당도 엄청 많았어. 철공소마다 장부 달아놓고 먹었지. 그때가 좋았어."

철도 맞은편 길가에서 식품기계를 파는 오복기계 사장 김종덕(70)씨는 1970년 초부터 원동에서 기계밥을 먹었다.~~가 시작했다. 그는~~ "여기 들어와서 일 배우며 결혼도 하고 애도 낳고 집도 샀어. 내 청춘을 원동에서 다 보냈지"라며 원동에서 낳아 지금은 대를 이어 함께 일하는 아들 건호(30)씨를 흐뭇하게 바라봤다.

"서울 명동 거리처럼 사람이 흘러 다녔다"는 원동 거리에서 사람도 철공소도 사라지기 시작한 건 1990년대 후반이다. 도시 중심이 대전 ~~변화가~~ ~~가~~ 역 주변 원도심에서 서구 둔산동 신도심으로 이전하자~~옮겨가자~~, 철공소들도 공단 근처인 대덕구 오정동으로 대거 옮겨갔다. 무엇보다 주인이 생을 마감하면 철공소도 함께 사라졌다. 공장 일을 물려받을 2세대가 없었기 때문이다. 김씨처럼 자녀가 대를 잇는 경우는 철공소 거리에 거의 없다.

보자기에 싼 커피통과 사기잔을 들고 오복기계를 찾아온 대웅다방 사장 오미숙씨는 "1990년대 후반까지도 이 골목에 사람이 꽤 있었다"고 들려준다~~말했다~~. "한잔에 1천원인 커피를 하루에 수백잔씩 팔았는데, 이 주변

comment

인터뷰 내용이 생생하므로 간접화법보다 직접화법으로 인용부호를 써서 바꿔 준다. 더욱 실감나게 읽힌다.

에만 다방이 3곳 더 있었어~~라고 한다.~~ 커피값은 지금도 1천원이야~~다.~~" 그땐 아침 6시30분이면 출근해서 커피 배달을 갔어. 그런데 어느 날부터 있던 사람들 죽고 이사 나가고…" 철공소집 숟가락 개수까지도 다 안다는 오씨는 매일같이 보던 기술자들이 '돌아가실 때마다' 가슴 한편이 뻥 뚫리는 것 같았다며 먼 하늘을 바라본다~~고 했다.~~

comment

인터뷰 내용을 넣고 ~라고 말했다. 이렇게 끝내는 것보다 여운을 남기는 다른 술어를 사용해 공감대를 높인다.

원동을 지키려는 예술가와 청년들

쇠락한 원동 철공소 거리에 변화가 찾아온~~시작된~~ 건 5년 전이다. 지역의 젊은 예술가들을 중심으로 2017년부터 원동에서 정동 일대까지 '무궁화꽃이 피었습니다'라는 이름의 마을미술프로젝트가 막을 올렸다~~시작됐다.~~ 예술가들은 손때 묻은 기계와 부품들 속에서 살아가는 철공 기술자들의 장인정신에서 영감을 얻었다~~받았고.~~ 철공소 거리로 들어가 마을 사람들에게 말을 걸고, 카~~시작했다.~~ 골목에 오랫동안 방치된 ~~트럭 몇대 분량의~~ 쓰레기를 치우며 스며들었다 ~~들도 치웠다.~~ 마을미술프로젝트를 이끈 사단법인 대전공공미술연구원은 사무실을 아예 창조길~~에 있는~~ 옛 원동사무소 건물로 옮겨, '무궁화 갤러리'로 꾸몄다.

철공소 장인들도 조금씩 마음을 열고, 하나둘씩 마을미술프로젝트에 본격적으로 손을 걷어붙였다~~참여했다.~~ 남은 기계부품을 모으고 자르고 붙여 조형물을 만들었다. 철공소 간판도 '예술적으로' 다시 만들어 달았다. 예술가들과 협업해 대형 조형물도 세우~~만들고,~~ 철공소 문에 그림도 그려 넣었다. 철공소 장인들이 기계부품, 쥐덫, 벽시계 등 각종 잡동사니를 가져다 붙여놓은 옛 원동사무소 정문 벽은 골목의 명물로 거듭났다.~~어 되었다.~~ 철거 위기에 놓인 남선기공 건물을 복합문화공간(문화공감 철31)으로 탈바꿈시켰다~~카카도 했다.~~

이 곳~~공간~~에서는 종종 전시회와 공연이 열린다. 연말이면 철공소 앞과 문화공감에서 '철판시장'을 열어 각종 철판요리도 선보인다. 철판시장은 철공소·여인숙 가리지 않고 동네 사람들이 모두 참여하는 동네잔치가 됐다. 한명씩 돌아가며 강사가 되는 주민모임도 매주 한차례씩 연다하고 있다. '철공소에서의 삶', '여행이야기', '노년에 받을 수 있는 복지기금' 등 무엇이든 강연의 소재가 된다. 대웅다방 오미숙씨는 "처음엔 쑥스러워 강사 같은 거 안 한다고 했는데, 막상 해보니 다음에는 더 잘해야지 욕심이 생기더라"며 수줍게 웃었다.

마을미술프로젝트에 참여한 청년 예술가를 중심으로 '공작단'도 꾸렸려졌다. 공작단은 시와 구의 지원을 받아 올해부터 3년 동안 철공소 거리에서 청년마을 조성 사업을 펼친다추진한다. 철공소 거리를 다른 곳의 청년들도 찾아오는 매력적인 학습공간으로 만드는 것이 이들의 목표다. 오복기계 김건호씨를 비롯한 2세대 장인들도 공작단 프로젝트에 참여한다하고 있다. 건호씨는 "원동도 사람들이 많이 찾는 힙한 곳이 되면 좋겠다. 원동을 지키고 싶다"고 포부를 밝힌다했다.

황혜진 대전공공미술연구원 대표는 "원동은 대전의 첫 마을이자 공단으로, 역사적인 가치가 큰 원도심 중의 원도심이다. 이곳마저 사라지면 우리 아이들은 박물관에서나 대전의 역사와 이야기를 경험할 수 있게 될 것"이라며 "주민들과 함께 예술가와 청년들이 이 골목을 지키고 있는 이유"라고 힘주어 말하는 모습이 미덥다했다. 쇠퇴하던 대전의 첫 동네, '철공소 거리' 부활의 날갯짓은 이제 첫 깃을 폈을 뿐이다.

comment

단순한 인터뷰로 끝내지 말고 잔상을 남길수 있는 여운있는 표현으로 마무리 한다

'지역 특화 현자 탐방, 인터뷰 기사쓰기 이론' 과제

대전의 첫 마을, 70년 쇠락해 온 '철공소 거리' 살아났다

채소값 싸기로 유명한 대전역 앞 '역전시장'을 구경하며 걷다 보면 시장 끄트머리에서 낯선 풍경을 만나게 된다. 세상의 온갖 기계와 부품들이 다 있을 것 같은, 작은 공장과 기계상들이 모여 있는 '원동 철공소 거리'다. 도로명 주소는 '창조길'. 골목 초입에 설치된 거리 지도는 크고 작은 기계 부품들을 용접해 만들어졌는데, 기용주물, 만석기계, 진성정밀, 태성금속 등 동네 철공소 31곳의 이름과 위치가 꼼꼼하게 표시돼 있다.

한자로 '으뜸 원'을 쓰는 원동은, 1905년 경부선 개통 뒤 대전역 주변에 형 성된 대전의 '첫 동네'이다. 일제강점기에는 철도 관사촌과 일본 사찰, 미곡검사소 등이 있었다. 지금도 이곳에는 대전 최초의 동사무소인 '원동 사무소' 건물이 남아 있다.

이곳에 철공소들이 하나둘씩 자리잡기 시작한 건 1950년 대전 최초의 공업사이자 국내에서 처음으로 공작기계를 제작한 남선기공이 들어서면 서다. 남선기공을 중심으로 기계·부품상들이 몰렸고, 남선기공에서 일을 배운 기술자들이 독립해 주변에 다른 공장을 차리기도 했다. 남선기공이 1975년 대덕구 대화동의 대전1산업단지로 이전한 뒤, 그 터엔 한국특수주 강·원동공업사 등이 들어왔다. '미니공단'으로 불리며 호황을 누리던 1970년대 후반에는 철공소 기술자들을 상대로 한 음식점과 술집, 여관도 덩달아 성업했다.

철공소 거리의 사람들

철공소 거리 유일의 주물 기술자인 기용주물 사장 송기룡(74)씨는 17살에 남선기공에 입사하며 원동과 인연을 맺었다. "주물이 뭔가요?"라고 묻자, 나무 거푸집에 짙은 흑색의 주물모래를 넣어 틀을 만드는 시범을 보이며 "녹인 쇳물을 이 틀에 부어 굳으면 원하는 모양의 금속 제품이 된다. 이게 주물"이라고 말하며 웃는다. 군에 입대하며 그만뒀던 주물 일을 다시 시작한 건 27살 때다. 동구 산내동의 주물공장에서 기술을 더 익히고 1984년 원동에 '내 공장'을 차렸다. 송씨는 "저기도 남선기공 자리"라며 붉은 벽돌로 지어진 공장 담벼락을 가리켰다.

남선기공도 한국특수주강도 '큰 공단'으로 이사 가고 나서, 원래 있던 공장은 칸칸이 구획해 철공소들에 세를 줬다고 했다. 지금은 역전시장 공공주차장이 된 곳도 세를 든 철공소로 빽빽했다고 한다. 1979년 대덕구에 대전2산업단지가 생기면서 그쪽으로 이전하는 가게도 있었지만, 1990년대 후반까지만 해도 철공소 거리는 기계 돌아가는 소리가 요란했다는 것이 이곳의 장인과 상인들 말이다.

덕재기공의 오덕세(76)씨는 국민학생 때 원동에서 빙과 장사를 했다. 더 자라서는 원동 옆 인동시장에서 채소 배달을 했고, 그러다 "기술을 배워두면 좋다"는 얘기에 동방기계를 거쳐 1964년 남선기공에 입사했다.

"주강(전기로 녹인 쇳물로 기계나 부품을 만드는 것) 기술을 배웠어. 한 20년 일을 배우고 1985년 남선기공 자리 한쪽에서 내 공장을 시작했지. 그때는 이 주변에 식당도 엄청 많았어. 철공소마다 장부 달아놓고 먹었지. 그때가 좋았어."

철도 맞은편 길가에서 식품기계를 파는 오복기계 사장 김종덕(70)씨는 1970년 초부터 원동에서 기계밥을 먹기 시작했다. 그는 "여기 들어와서 일 배우며 결혼도 하고 애도 낳고 집도 샀어. 내 청춘을 원동에서 다 보냈지"라며 원동에서 낳아 지금은 대를 이어 함께 일하는 아들 건호(30)씨를 흐뭇하게 바라봤다.

"서울 명동 거리처럼 사람이 흘러 다녔다"는 원동 거리에서 사람도 철공소도 사라지기 시작한 건 1990년대 후반이다. 대전 번화가가 역 주변 원도심에서 서구 둔산동 신도심으로 옮겨가자, 철공소들도 공단 근처인 대덕구 오정동으로 대거 옮겨갔다. 무엇보다 주인이 생을 마감하면 철공소도 함께 사라졌다. 공장 일을 물려받을 2세대가 없었기 때문이다. 김씨처럼 자녀가 대를 잇는 경우는 철공소 거리에 거의 없다.

보자기에 싼 커피통과 사기잔을 들고 오복기계를 찾아온 대웅다방 사장 오미숙씨는 "1990년대 후반까지도 이 골목에 사람이 꽤 있었다"고 말했다. 한잔에 1천원인 커피를 하루에 수백잔씩 팔았는데, 이 주변에만 다방이 3곳 더 있었다고 한다. 커피값은 지금도 1천원이다. "그땐 아침 6시30분이면 출근해서 커피 배달을 갔어. 그런데 어느 날부터 있던 사람들 죽고 이사 나가고…." 철공소집 숟가락 개수까지도 다 안다는 오씨는 매일같이 보던 기술자들이 '돌아가실 때마다' 가슴 한편이 뻥 뚫리는 것 같았다고 했다.

원동을 지키려는 예술가와 청년들

쇠락한 원동 철공소 거리에 변화가 시작된 건 5년 전이다. 지역의 젊은 예술가들을 중심으로 2017년부터 원동에서 정동 일대까지 '무궁화 꽃이 피었습니다'라는 이름의 마을미술프로젝트가 시작됐다. 예술가들은 손때 묻은 기계와 부품들 속에서 살아가는 철공 기술자들의 장인정신에서 영감을 받았고, 철공소 거리로 들어가 마을 사람들에게 말을 걸기 시작했다. 골목에 오랫동안 방치된 트럭 몇대 분량의 쓰레기들도 치웠다. 마을미술프로젝트를 이끈 사단법인 대전공공미술연구원은 사무실을 아예 창조길에 있는 옛 원동사무소 건물로 옮겨, '무궁화 갤러리'로 꾸몄다.

철공소 장인들도 조금씩 마음을 열고, 하나둘씩 마을미술프로젝트에 본격적으로 참여했다. 남은 기계부품을 모으고 자르고 붙여 조형물을 만들었다. 철공소 간판도 '예술적으로' 다시 만들어 달았다. 예술가들과 협업해 대형 조형물도 만들고, 철공소 문에 그림도 그려 넣었다. 철공소 장인들이 기계부품, 쥐덫, 벽시계 등 각종 잡동사니를 가져다 붙여놓은 옛 원동사무소 정문 벽은 골목의 명물이 되었다. 철거 위기에 놓인 남선기공 건물을 복합문화공간(문화공감 철31)으로 탈바꿈시키기도 했다.

이 공간에서는 종종 전시회와 공연이 열린다. 연말이면 철공소 앞과 문화공감에서 '철판시장'을 열어 각종 철판요리도 선보인다. 철판시장은 철공소·여인숙 가리지 않고 동네 사람들이 모두 참여하는 동네잔치가 됐다. 한명씩 돌아가며 강사가 되는 주민모임도 매주 한차례씩 하고 있다. '철공소에서의 삶', '여행이야기', '노년에 받을 수 있는 복지기금' 등 무엇이든 강연의 소재가 된다. 대웅다방 오미숙씨는 "처음엔 쑥스러워 강사 같은 거 안한다고 했는데, 막상 해보니 다음에는 더 잘해야지 욕심이 생기더라"며 수줍게 웃었다.

마을미술프로젝트에 참여한 청년 예술가를 중심으로 '공작단'도 꾸려졌다. 공작단은 시와 구의 지원을 받아 올해부터 3년 동안 철공소 거리에서 청년마을 조성 사업을 추진한다. 철공소 거리를 다른 곳의 청년들도 찾아오는 매력적인 공간으로 만드는 것이 이들의 목표다. 오복기계 김건호씨를 비롯한 2세대 장인들도 공작단 프로젝트에 참여하고 있다. 건호씨는 "원동도 사람들이 많이 찾는 힙한 곳이 되면 좋겠다. 원동을 지키고 싶다"고 했다.

황혜진 대전공공미술연구원 대표는 "원동은 대전의 첫 마을이자 공단으로, 역사적인 가치가 큰 원도심 중의 원도심이다. 이곳마저 사라지면 우리 아이들은 박물관에서나 대전의 역사와 이야기를 경험할 수 있게 될 것"이라며 "주민들과 함께 예술가와 청년들이 이 골목을 지키고 있는 이유"라고 말했다.

9. "30년 일군 회사, 한순간에 무너져 절망"*

comment

무너져와 절망은 동어반복이므로
절망을 삭제한다.

줄도산 위기 속 '폐업·구조조정' 시작
공장 가동·납품 중단…창고엔 재고 쌓여
매출 감소·납품 대금 회수 못해 피해↑
영세 상인까지 피해 이어져 파장 클 듯
市 "3차 추경 반영, 다양한 지원책 마련"

comment

현황-문제-전망-대책까지 소제목의 흐름이
논리적이다.

"대유위니아 계열사 법정관리에 따른 피해금액이 갈수록 커지고 재고
물량이도 쌓여만 가 살길이 막막합니다."

comment

절절한 현장 호소 인터뷰로 기사를 시작하면
전달효과가 크다

지난 13일 광주 평동산단에 있는 대유위니아 협력업체 A사를 찾았다.
작업장에서 한창 생산에 몰두해야할 직원들이 일손을 놓은채 군데군데 모
여 있었다. 얼굴에는 어두운 표정이 묻어났다. 팀장 조모씨는 "대유위니아
부도사태로 지역 경제를 담당하는 기업들이 줄도산하면 영세 상인들에게

---

* 총평: 제목과 소제목이 간결하고 호소력 있다. 특히 소제목 5개가 점층법으로 심화돼 논리
적 완결성이 높다. 현장탐방기사는 첫단락에 현장 묘사부터 하면 좋다. 이어서 실태를 설명
하는 순서가 자연스럽다. 묘사 뒤에 통계를 적절하게 사용하며 설명하면 설득력이 더 크다.

도 피해가 이어져 파장이 클 것"이라며 "우리 회사도 피해 금액이 커 당장 뭘 해야 할지 앞이 보이지 않는다"고 토로했다. 납품하지 못한 2억원 상당의 재고물량에 금융권 차입금 등 떠안아야할 빚이 수억원에 달한다.

comment

현장탐방기사는 현장 묘사가 필요하다.
독자의 공감을 끌어낼수 있는 내용을
보강해 묘사해준다

조씨는 "그나마 우리 회사는 위니아 뿐만 아니라 다른 회사와도 거래를 해오던 상황이라 근근이 버티고 있다"며 "오로지 위니아와만 거래해오던 회사들은 이미 폐업을 하거나 인원감축 등 구조조정을 시작했다"고 들려줬다.

대유위니아그룹 계열사들의 잇따른 기업회생절차(법정관리) 신청으로 협력업체들이 자금난을 겪으며 줄도산 위기에 빠졌다. ~~처하는 등~~ 광주 지역 경제가 휘청거린다. ~~라고 있다.~~

광주지역 위니아의 협력업체는 1차 협력사 150곳과 2·3차 협력사 300여곳 등 450여 곳으로 파악됐다. 이들 협력사 중 일부는 납품 중단에 따라 매출이 줄어든데다 납품대금조차 회수하지 못하고 있어 공장 가동을 중단한 상태다. 이날 찾은 A사를 비롯해 대부분 협력업체 창고마다 재고물량이 쌓여만 간다. ~~있었다.~~

~~타구나~~ 협력업체들은 설상가상으로 위니아의 금융권 어음채무까지 떠안아야 할 처지다. 위니아는 평소 전자어음을 발행하는 방식으로 납품대금을 지급해왔다. 그런~~는~~데, 금융권 차입금을 갚지 못하면서 어음을 할인을 받은 협력사들이 이를 대신 갚아야 하는 상황에 놓였~~여왔~~다. 갚아야 할 금액도 업체별로 적게는 수억부터 많게는 수십억에 이른~~달한 것으로 알려졌~~다. ~~A사의 경우 납품하지 못한 2억원 상당의 재고물량에 금융권 차입금 등~~

~~떠안아야할 빚이 수억원에 달한 것으로 파악됐다.~~

comment

이 두문장은 첫단락 현장 묘사 단락으로
옮겨야 더 효과적이고 자연스럽다.

조씨는 "그나마 우리 화사는 위니아 뿐만 아니라 다른 회사와도 거래를 해오던 상황이라 근근이 버티고 있다"며 "오로지 위니아와만 거래해오던 회사들은 이미 폐업을 하거나 인원감축 등 구조조정을 시작했다"고 말했다.

30여년 동안 위니아와만 거래해 온 광주 하남산단 B업체를 가보니 상황은 더욱 심각했다.

B업체 ~~이모(60)대표~~ 는 지난 1994년부터 ~~현재까지~~ 위니아 냉장고 전용 파워코드를 납품해 ~~왔다~~했다. 문제는 위니아가 기업회생절차를 신청하면서 ~~터졌다~~ 발생했다. B업체는 위니아 냉장고 전용 부품만 만들기 때문에 공장 생산라인이 멈췄다. 그동안 생산된 부품은 주인을 찾지 못해 악성 재고로 ~~쌓였다~~ 됐다. 결국 ~~이 대표는~~ 생산비용과 부품 폐기 등 모든 비용을 감당해야 할 상황에 ~~놓였다~~ 처했다.

이모(60) 대표는 "어떻게든 버티기 위해 10명 가까운 ~~고정비 지출 중 가장 큰 부분을 차지하는 인건비라도 줄이기 위해~~ 생산직원을 ~~모두~~ 권고사직으로 내보내 가슴아프다 ~~났다~~"면서~~,~~ ~~그후~~ "아내와 단 둘이 매일 공장에 출근하지만, 약 2만2천여개(2억~3억원 상당) 재고를 폐기처분 해야한다"고 한숨을 내쉬었다. ~~'어디서부터 뭘 시작해야할지' 몰라 막막한 하루를 보내고 있다.~~

이 대표는 "그동안 위니아와만 거래해 왔는데 법정관리에 들어가 어쩔 수 없이 10명 가까운 직원들을 내보내게 돼 가슴 아프다"며 "생산된 제품들도 위니아 전용어기 때문에 판로를 개척할 수 없어 약 2만2천여개(2억~3억원 상당) 재고를 폐기처분 해야한다"고 한숨을 내쉬었다.

이어 ㅋ는 "광주시가 기업지원 정책자금 50억을 지원책으로 냈지만 결국엔 다 빚인데 우리처럼 위니아 전용 거래업체들을 뭘 믿고 지원하겠냐"며 "30년 키워 온 회사와 공장이 한순간에 무너져가니 허망할 뿐"이라고 호소했다.

광주시 관계자는 "위니아 협력업체들을 지원하기 위해 3차 추경에 긴급 반영될 수 있도록 요청해놨다"며 "중기부와 은행권 등 유관기관과 함께 다양한 지원책을 마련하겠다"고 말했다.

하지만, 근본적인 회생책이 될지는 미지수다. 수십년 공들인 회사문을 닫아야 하는 영세업자들은 국가 차원의 손길을 기다리며 한숨을 더 깊게 내쉰다.

comment

현장탐방기사를 현장이야기로만 마무리하면 울림이 크지 않다. 여운이 남는 마무리 표현을 구사해야 기사가 원하는 공감효과를 높일수 있다

[르포-'벼랑 끝' 대유위니아 협력업체]
"30년 일군 회사, 한순간에 무너져 절망"

줄도산 위기 속 '폐업·구조조정' 시작
공장 가동·납품 중단…창고엔 재고 쌓여
매출 감소·납품 대금 회수 못해 피해↑
영세 상인까지 피해 이어져 파장 클 듯
市 "3차 추경 반영, 다양한 지원책 마련"

"대유위니아 계열사 법정관리에 따른 피해금액이 갈수록 커지고 재고 물량도 쌓여만 가 살길이 막막합니다."

지난 13일 광주 평동산단에 있는 대유위니아 협력업체 A사 팀장 조모 씨는 "대유위니아 부도사태로 지역 경제를 담당하는 기업들이 줄도산하면 영세 상인들에게도 피해가 이어져 파장이 클 것"이라며 "우리 회사도 피해 금액이 커 당장 뭘 해야 할지 앞이 보이지 않는다"고 토로했다.

대유위니아그룹 계열사들의 잇따른 기업회생절차(법정관리) 신청으로 협력업체들이 자금난을 겪으며 줄도산 위기에 처하는 등 광주 지역 경제가 휘청거리고 있다.

광주지역 위니아의 협력업체는 1차 협력사 150곳과 2·3차 협력사 300 여곳 등 450여 곳으로 파악됐다. 이들 협력사 중 일부는 납품 중단에 따라 매출이 줄어든데다 납품대금조차 회수하지 못하고 있어 공장 가동을 중단한 상태다. 이날 찾은 A사를 비롯해 대부분 협력업체 창고마다 재고물량이 쌓여 있었다.

더구나 협력업체들은 설상가상으로 위니아의 금융권 어음채무까지 떠안아야 할 처지다. 위니아는 평소 전자어음을 발행하는 방식으로 납품대금을 지급해왔는데, 금융권 차입금을 갚지 못하면서 어음 할인을 받은 협력사들이 이를 대신 갚아야 하는 상황에 놓여있다. 갚아야 할 금액도 업체별로 적게는 수억부터 많게는 수십억에 달한 것으로 알려졌다. A사의 경우 납품하지 못한 2억원 상당의 재고물량에 금융권 차입금 등 떠안아야할 빚이 수억원에 달한 것으로 파악됐다.

조씨는 "그나마 우리 회사는 위니아 뿐만 아니라 다른 회사와도 거래를 해오던 상황이라 근근이 버티고 있다"며 "오로지 위니아와만 거래해오던 회사들은 이미 폐업을 하거나 인원감축 등 구조조정을 시작했다"고 말했다.

30여년 동안 위니아와만 거래해 온 광주 하남산단 B업체를 가보니 상황은 더욱 심각했다.

B업체 이모(60)대표는 지난 1994년부터 현재까지 위니아 냉장고 전용 파워코드를 납품했다. 문제는 위니아가 기업회생절차를 신청하면서 발생했다. B업체는 위니아 냉장고 전용 부품만 만들기 때문에 공장 생산라인이 멈췄다. 그동안 생산된 부품은 주인을 찾지 못해 악성 재고가 됐다. 결국 이 대표는 생산비용과 부품 폐기 등 모든 비용을 감당해야 할 상황에 처했다.

이 대표는 어떻게든 버티기 위해 고정비 지출 중 가장 큰 부분을 차지하는 인건비라도 줄이기 위해 생산직원 모두 권고사직으로 내보냈다. 그후 아내와 단 둘이 매일 공장에 출근하지만, '어디서부터 뭘 시작해야할지' 몰라 막막한 하루를 보내고 있다.

이 대표는 "그동안 위니아와만 거래해 왔는데 법정관리에 들어가 어쩔 수 없이 10명 가까운 직원들을 내보내게 돼 가슴 아프다"며 "생산된 제품 들도 위니아 전용이기 때문에 판로를 개척할 수 없어 약 2만2천여개(2억~3 억원 상당) 재고를 폐기처분 해야한다"고 한숨을 내쉬었다.

이어 그는 "광주시가 기업지원 정책자금 50억을 지원책으로 냈지만 결 국엔 다 빚인데 우리처럼 위니아 전용 거래업체들을 뭘 믿고 지원하겠냐" 며 "30년 키워 온 회사와 공장이 한순간에 무너져가니 허망할 뿐"이라고 호소했다.

광주시 관계자는 "위니아 협력업체들을 지원하기 위해 3차 추경에 긴 급 반영될 수 있도록 요청해놨다"며 "중기부와 은행권 등 유관기관과 함께 다양한 지원책을 마련하겠다"고 말했다.

10. **"후퇴 대신 항전"**... 택한 햇병아리 생도 '불암산 호랑이 유격대'*

경기도 남양주시 불암산 정상 부근. 힘들게 오르면 서울 노원구와 도봉구를 비롯해 인근 지역이 한눈에 내려다 보인다. 이곳에 동굴 3군데가 자리한다. 일견 평범해 보이지만, 조국이 백척간두에 선 6.25 개전 초기 고귀한 청년의 피가 뿌려진 곳이다. 정전 70주년을 맞아 '불암산 호랑이 유격대'의 항쟁사로 거슬러 올라가 본다

북한군 기습남침 6.25 발발

1950년 6월 25일 일요일 새벽 4시, 북한군은 선전포고 없이 38선을 넘어 기습 남침을 강행했다. 3년여 동안 지속된 한국전쟁의 시작이었다. 북한군의 작전명은 '폭풍'으로, 소련제 전차를 앞세워 빠르게 남한을 점령하고 광복절 전까지 전쟁을 종결하겠다는 목표였다.

---

* 총평: 전체적으로 취재가 탄탄하고, 구성도 훌륭하다. 추보식 구성으로 논리적 이해가 쉽다. 기획의도도 돋보이고, 꼼꼼하게 공들인 현장취재 흔적도 역력하다. 하지만, 현장탐방기사 분위기를 살리는 리드문단이 없어 아쉽다. 또 군데군데 현장탐방 분위기를 살려주는 묘사도 필요하다. 긴 문장을 간결하게 나눠야 전달효과가 높아진다. '하다'체에서 탈피해 다양한 동사를 활용해야 한다. 소제목을 중간에 넣어서 독자들의 내용이해를 도우면 좋다.

국군은 남하를 막아내기 위해 고군분투했지만 극명한 전력 차이로 개성과 동두천, 포천 등이 잇따라 함락되면서 순식간에 전선이 무너졌다. ~~하지만 이런 상황에서도 나라를 지키기 위한 이들의 피나는 노력이 이어졌다.~~

'햇병아리' 육사 생도 1·2기, 혼란과 공포에도 소총 들고 북한군과 맞서

comment

소제목을 줄여서 한문장 뒤로 돌린다

개전 당일 25일. 북한군이 파죽지세로 서울 근방까지 밀고 내려오자 육군본부는 25일 서울을 지키던 군사학교 기간병과 육군사관학교 생도들을 전선에 투입하기로 했다.

'햇병아리' 육사 생도 1·2기, 훈련도중 북한군과 맞서

당시 육군사관학교에는 임관을 20여 일 앞둔 생도 1기와 입소한 지 한 달도 채 되지 않은 생도 2기가 교육 중이었다. 특히 생도 2기는 제식, 총검술, 영점사격 훈련만 받았을 정도로 전쟁에 대한 대비가 전혀 돼 있지 않았다.

심호섭 육군사관학교 교수(군사사학과)는 "훈련이 더 필요한 입장이다 보니 육본 내부에서도 생도들의 참전을 두고 찬반이 오갔다"며 "전선이 위급한 만큼 북한군을 막는 게 우선이라고 판단해 투입을 결정했다"고 당시 상황을 설명했다.

1기 생도 262명, 2기 생도 277명으로 구성된 생도대대는 전력 공백이 생긴 포천군 내촌면 부평리(현 남양주시 진접읍 부평리)로 배치됐다. ~~아후~~ 26일 오전 수도경찰청 경찰대대가 합류하면서 372고지와 330고지에 함께 진지를 구축했다.

그날 오후 의정부를 점령한 북한군 일부가 내촌면 지역으로 남하했고, 오후 4시께부터 본격적인 교전이 시작됐다. 생도대대는 백병전까지 감행하며 맞섰지만, 탄약 부족과 인명 손실로 같은 날 저녁 학교 본부로 철수할 수 밖에 없었다~~해야 했다~~.

첫 번째 전투를 치른 생도대대는 후방으로 철수하는 7사단 9연대 병력 일부와 함께 남양주 불암산과 육사 주변에 새롭게 방어선을 폈다~~구축했다~~. 북한군의 서울 진격을 막기 위해 창동과 미아리에 설치한 방어선이 무너진 27일 밤, 육사 주변에도 공격받았다~~어 이어졌다~~. 생도들은 28일 오전 한강 방면으로 뿔뿔이 흩어졌다.~~저 한강 방향으로 후퇴했다~~.

가까스로 한강에 집결한 생도들은 ~~뒤 따서~~ 수원으로 이동하다던 ~~생도들은~~ 6월 30일 광주군 낙생면 금곡리(현재 성남시 분당구 금곡동)에서 3사단과 방어선을 강화하는 임무에 투입됐다. ~~카~~ 다음날 7월 1일 철수한 ~~했다~~. 생도대대는 이후 평택을 거쳐 대전에 도착했다. ~~군~~이어 ~~같은 달~~ 10일, 생도 1기 생들이 임관되면서 ~~1카의 임관을 끝으로~~ 생도대대는 해체됐다.

육사 10기 졸업생으로 대우받는 생도 1기는 1949년 입소 당시만 해도 257명이었으나, 전쟁 발발 이후 열흘간 전투를 치르며 절반 가까이 숨지거나 실종돼 총 134명이 졸업했다. 총검술만 익히고 전장으로 투입됐던 생도 2기는 졸업장을 받기까지 ~~크나마도~~ 40~~여~~년 넘게 ~~어~~ 걸렸다. 육사가 휴교하면서 육군종합학교와 현지임관을 통해 장교가 됐지만 정식 육사 출신으로 인정받지 못한 것이다. ~~하타카~~ 생도 2기생들은 1995년이 돼서야 명예 졸업장을 받았다.

후퇴 대신 항전 택한 생도들… '불암산 호랑이 유격대' 결성

1950년 6월 28일 태릉 전투가 끝난 당시 육사 생도대대는 지휘부로부터 철수 명령을 받았다. 하지만, ~~으나,~~ 내용이 제대로 전달되지 않아 혼란이 생겼다. ~~발생했다.~~ 일부는 철수 도중 적을 만났고, ~~나가도 했고~~ 소대나 분대가 와해돼 2명이 짝을 지어 움직였다. ~~짝을 지어 이동하기도 했다.~~

일부 생도들은 유격전을 ~~통해 항전할 것을~~ 각오하며 ~~서울에 남았고,~~ 육사와 인접한 불암산으로 들어갔다. ~~이들어 바로~~ '불암산 호랑이 유격대'의 탄생이다~~였다.~~ 호랑이 유격대 이름은 ~~로 불리게 된 이유는~~ 암호명 을 '호랑이'에서 나왔다. ~~로 정했기 때문이다.~~

유격대에 합류한 생도들은 모두 13명. ~~으로,~~ 1기에서는 유격대를 주도한 김동원 생도를 비롯해 강원기·김봉교·박금천·박인기·이장관·조영달·전희택·한효준·홍명집 등 ~~총~~ 10명이 참여했다. 2기에서는 3명이 합류했으나 신원은 밝혀지지 않았다.

여기에 불암산에 배치됐던 9연대 소속 김만석 중사와 이름이 알려지지 않은 부사관 1명, 병사 5명이 가세하면서 ~~총~~ 20명으로 ~~아~~ 유격대 위용을 갖췄다. ~~를 구성했다.~~

불암산 호랑이 유격대는 ▶전원이 결사의 각오로 유격 활동에 임할 것 ▶후방에서 적을 교란함으로써 적의 일선 투입 저지 ▶불암산과 수락산 일대에서 활동하며 지역 주민·반공 인사들과 협조 ▶기탄없이 의견을 제시하되, 결정에 복종할 것 등 네 가지 수칙을 정하고 활동에 나섰다.

사찰 승려와 주민 도움으로 은신처 마련, 유격전 감행

유격대장을 맡은 김동원 생도는 평소 자주 찾았던 불암사를 방문해 윤용문 주지 스님에게 도움을 받았다~~요청했다.~~ 윤용문 스님은 은신처를 마련해주고 신도들을 통해 정보를 제공했다. 불암산 정상 인근에 있는 석천암의 김한구 스님 역시 유격대에 식수와 식사를 지원하고 은거할 수 있는 동굴을 알려줬다.

중부일보 취재진은 지난달 8일, 당시 '호랑이 유격대'가 활동했던 남양주 불암산을 찾았다. 주로 돌산으로 이뤄진 불암산은 동굴이나 큰 바위 등 은거할 곳이 많았고, 적들의 동태를 살피기 유리한 지형이 갖춰져 있었다. 유격대가 은거지로 활용했던 동굴은 모두 3곳. 으로, 현장을 찾아가 보니 물자 지원 시 경계기지로 활동하던 첫 번째 동굴은 입구가 매우 좁아 사람이 드나들기 어려웠다.

comment

이부분을 앞으로 돌려 리드문을 구성한다.

두 번째 동굴도 들어가기엔 입구가 좁았다. 하지만, 내부에 들어섰을 땐 사람이 일어설 수 있을 정도로 넓었다. 세 번째 동굴 역시 입구는 좁았으나 규모가 커서 유격대의 은거지로 쓰이기에 적당해 보였다활용됐다. 또 동굴 내에서 음용 가능한 물을 확보할 수 있었다. 균 정상과도 가까워 적의 움직임 파악과 이동에 용이했을 것으로 판단된다다.

하지만 무기는 열악하기 짝이 없었다. 생도들이 가지고 있던 소총과 수류탄, 9연대 소속 군인들이 소지한 기관총과 탄약이 전부였다. 하지만, 조국을 지키겠다는 대원들 사기만큼은 하늘을 찔렀다.

comment

'하다'체를 벗어난 술어를 사용해 문장의 다양성을 살린다

20명 유격대원 4차례 유격활동 19명 전사

경기도 퇴계원역. 호랑이 유격대가 열악한 무기등에 아랑곳하지 않고 첫 번째 유격활동을 펼친 장소다. 는 이에 아랑곳하지 않고 1950년 7월 11일, 퇴계원역 북한군 보급물자 적치장 습격을 시작으로 본격적인 유격전을 펼쳤다 시작했다. 작전에 앞서 대원들이 사전 정찰을 통해 적치장 규모와 병력, 위치 등을 파악한 덕분에 보급품을 불태우고 북한군 30여 명을 사살하는 성과를 올렸다. 하지만 철수 과정에서 1기 생도 2명과 2기 생도 1명이

이어 7월 31일에는 서울 창동국민학교와 인근 북한군 수송부대, 보안부대~~소~~를 공격했다. 김만석 중사 등 유격대원 6명이 참여해 ~~숙영지와 보안부대 사무실을 공격해~~ 적군 일부를 사살하고 보급 차량을 폭파하는 성과를 거뒀다. ~~했으나~~ 하지만, 작전을 이끌던 김만석 중사가 북한군의 추격으로 순국하고 말았다~~전사했다~~.

세 번째 전투는 생도들의 모교인 육군사관학교~~를 습격하는 것~~이었다. 당시 육사 교정은 북한군 의용군 훈련소로 활용됐다. ~~되고 있었는데,~~ 유격대는 강제로 끌려온 사람들을 탈출시키기로 하고 구체적인 공격 경로부터 철수 계획까지 치밀하게 짰다. ~~세세하게 준비했다.~~

8월 15일, 유격대원 15명은 밤을 틈타 기습 공격을 펼쳤다~~감행했다.~~ 교도대와 생도대에 수류탄과 화염병을 던지고 기관총을 난사해 북한군 50여 명을 사살했다. 하지만 이 과정에서 김동원 유격대장을 비롯해 6명이 전사하는 피해를 입었다.

살아남은 대원들은 북한군이 불암산을 수색할 것을 우려해 반공 인사 은거지가 있는 수락산으로 거처를 옮겼다. 유격대는 한 달여 동안 이곳에서 지내며 전력을 정비한 뒤 인천상륙작전이 시작된 9월 15일 불암산으로 돌아왔다.

이때 북한군이 유엔군과 국군의 공격에 대비해 주민들을 북쪽으로 끌고 간다는 정보를 알아냈다~~첩보를 듣게 됐다.~~ 하지만 대원들이 가지고 있던 무기는 소총과 약간의 실탄이 전부였다. 조영달 유격대장은 고민 끝에 9월 21일 밤 구출 작전을 펼치기로 하고 내곡리 마을 근처에 매복하며 북한군 수송대를 기다렸다.

마침내 수송대가 등장하자 호송 차량을 공격하면서 주민들의 대피를 이끌었다. ~~유도했다.~~ 이 작전으로 북한으로 끌려갈 ~~뻔한~~ 주민 100여 명을 구해냈다. ~~출했~~ 하지만, 중상을 입은 강원기 생도를 제외한 나머지 대원들은 모두 호국의 영령으로 산화했다. ~~전사하고 말았다.~~

육사와 국방부가 해야할 일

심호섭 육군사관학교 교수는 "유격대원들은 인천상륙작전 이후 곧 아군과 동료를 만날 수 있다는 기대에도 '북한군에 끌려가는 사람들을 구해야 한다'는 사명을 선택했다"며 "불암산 호랑이 유격대가 전세에 영향을 주진 않았지만, 나라를 위한 희생정신으로 끝까지 저항했다는 점에서 큰 의의를 찾을 수 있다"고 말했다.

3개월여에 걸친 호랑이 유격대의 활약은 대원 중 유일한 생존자였던 강원기 생도를 통해 처음 세상에 알려졌다. 그가 병상에서 동기생들에게 전한 이야기는 나중에 책을 통해 소개됐다. 강 생도는 이후 부상 후유증으로 1951년 세상을 떠났다. 또 1996년에는 김한구 석천암 주지의 손자 김만홍 씨가 어린 시절 자신이 유격대원들의 은거지 동굴로 물과 식사를 전해 줬다고 증언했다.

유격대 활동상이 재조명~~발굴~~되면서 전쟁 도중 실종된 줄로만 알았던 유가족들도 사실을 접할수 있었다. ~~하게 됐다.~~ 김동원 생도의 여동생은 "40여 년 만에 오빠 소식을 들을 수 있어 감사하다"는 편지를 보내 왔다~~전하~~ ~~커도 했다.~~ 1996년 육사는 대원들의 졸업식과 명예임관으로 그들의 활동을 기념했다.

comment

이 문장을 뒤로 돌리면 좋다

심호섭 교수는 "증언과 탐사 등을 통해 유격대 활동이 알려졌지만, 이들의 구체적인 활약을 알 수 있는 자료가 많지 않다"며 "앞으로 자세한 연구와 자료 발굴이 이뤄졌으면 하는 바람"이라고 말했다.

1996년 육사는 대원들의 졸업식과 명예임관으로 그들의 활동을 기렸다. 하지만, 육사나 국방부가 여기에서 멈춘다면 꽃같은 청춘을 조국에 바친 대원들의 고귀한 희생에 대한 마땅한 예우가 아닐 것이다.

comment

관련자 증언으로 마무리 할때는 강한 울림이 있는 경우다. 일상적 내용의 인터뷰로 마무리 하면 여운이 남지 않는다. 기사전체를 마무리 하는 제안을 완곡하게 표현하면 울림이 커진다.

[정전 70주년 특집] 후퇴 대신 항전 택한 햇병아리 생도 '불암산 호랑이 유격대'

1950년 6월 25일 일요일 새벽 4시, 북한군은 선전포고 없이 기습 남침을 강행했다. 3년여 동안 지속된 한국전쟁의 시작이었다. 북한군의 작전명은 '폭풍'으로, 소련제 전차를 앞세워 빠르게 남한을 점령하고 광복절 전까지 전쟁을 종결하겠다는 목표였다.

국군은 남하를 막아내기 위해 고군분투했지만 극명한 전력 차이로 개성과 동두천, 포천 등이 잇따라 함락되면서 순식간에 전선이 무너졌다. 하지만 이런 상황에서도 나라를 지키기 위한 이들의 피나는 노력이 이어졌다.

'햇병아리' 육사 생도 1·2기, 혼란과 공포에도 소총 들고 북한군과 맞서
북한군이 파죽지세로 서울 근방까지 밀고 내려오자 육군본부는 25일 서울을 지키던 군사학교 기간병과 육군사관학교 생도들을 전선에 투입하기로 했다.

당시 육군사관학교에는 임관을 20여 일 앞둔 생도 1기와 입소한 지 한 달도 채 되지 않은 생도 2기가 교육 중이었다. 특히 생도 2기는 제식, 총검술, 영점사격 훈련만 받았을 정도로 전쟁에 대한 대비가 전혀 돼 있지 않았다.

심호섭 육군사관학교 교수(군사사학과)는 "훈련이 더 필요한 입장이다 보니 육본 내부에서도 생도들의 참전을 두고 찬반이 오갔다"며 "전선이 위급한 만큼 북한군을 막는 게 우선이라고 판단해 투입을 결정했다"고 당시 상황을 설명했다.

1기 생도 262명, 2기 생도 277명으로 구성된 생도대대는 전력 공백이 생긴 포천군 내촌면 부평리(현 남양주시 진접읍 부평리)로 배치됐다. 이후 26일 오전 수도경찰청 경찰대대가 합류하면서 372고지와 330고지에 함께 진지를 구축했다.

그날 오후 의정부를 점령한 북한군 일부가 내촌면 지역으로 남하했고, 오후 4시께부터 본격적인 교전이 시작됐다. 생도대대는 백병전까지 감행하며 맞섰지만, 탄약 부족과 인명 손실로 같은 날 저녁 학교 본부로 철수해야 했다.

첫 번째 전투를 치른 생도대대는 후방으로 철수하는 7사단 9연대 병력 일부와 함께 남양주 불암산과 육사 주변에 새롭게 방어선을 구축했다. 북한군의 서울 진격을 막기 위해 창동과 미아리에 설치한 방어선이 무너진 27일 밤, 육사 주변에도 공격이 이어졌다. 생도들은 28일 오전 뿔뿔이 흩어져 한강 방향으로 후퇴했다.

한강에 집결한 뒤 다시 수원으로 이동하던 생도들은 6월 30일 광주군 낙생면 금곡리(현재 성남시 분당구 금곡동)에서 3사단과 방어선을 강화하는 임무에 투입됐다가 7월 1일 철수했다. 생도대대는 이후 평택을 거쳐 대전에 도착했고 같은 달 10일, 생도 1기의 임관을 끝으로 해체됐다.

육사 10기 졸업생으로 대우받는 생도 1기는 1949년 입소 당시만 해도 257명이었으나, 전쟁 발발 이후 열흘간 전투를 치르며 절반 가까이 숨지거나 실종돼 총 134명이 졸업했다. 총검술만 익히고 전장으로 투입됐던 생도 2기는 그나마도 40여 년이 걸렸다. 육사가 휴교하면서 육군종합학교와 현지임관을 통해 장교가 됐지만 정식 육사 출신으로 인정받지 못하다가 1995년이 돼서야 명예 졸업장을 받았다.

후퇴 대신 항전 택한 생도들… '불암산 호랑이 유격대' 결성

1950년 6월 28일 태릉 전투가 끝난 당시 육사 생도대는 지휘부로부터 철수 명령을 받았으나, 내용이 제대로 전달되지 않아 혼란이 발생했다. 일부는 철수 도중 적을 만나기도 했고 소대나 분대가 와해 돼 짝을 지어 이동하기도 했다.

일부 생도들은 유격전을 통해 항전할 것을 각오하며 서울에 남았고, 육사와 인접한 불암산으로 들어갔다. 이들이 바로 '불암산 호랑이 유격대'였다. 호랑이 유격대로 불리게 된 이유는 암호명을 '호랑이'로 정했기 때문이다.

유격대에 합류한 생도들은 모두 13명으로, 1기에서는 유격대를 주도한 김동원 생도를 비롯해 강원기·김봉교·박금천·박인기·이장관·조영달·전희택·한효준·홍명집 등 총 10명이 참여했다. 2기에서는 3명이 합류했으나 신원은 밝혀지지 않았다.

여기에 불암산에 배치됐던 9연대 소속 김만석 중사와 이름이 알려지지 않은 부사관 1명, 병사 5명이 가세하면서 총 20명이 유격대를 구성했다.

불암산 호랑이 유격대는 ▶전원이 결사의 각오로 유격 활동에 임할 것 ▶후방에서 적을 교란함으로써 적의 일선 투입 저지 ▶불암산과 수락산 일대에서 활동하며 지역 주민·반공 인사들과 협조 ▶기탄없이 의견을 제시하되, 결정에 복종할 것 등 네 가지 수칙을 정하고 활동에 나섰다.

유격대장을 맡은 김동원 생도는 평소 자주 찾았던 불암사를 방문해 윤용문 주지 스님에게 도움을 요청했다. 윤용문 스님은 은신처를 마련해주고 신도들을 통해 정보를 제공했다. 불암산 정상 인근에 있는 석천암의 김한구 스님 역시 유격대에 식수와 식사를 지원하고 은거할 수 있는 동굴을 알려줬다.

중부일보 취재진은 지난달 8일, 당시 '호랑이 유격대'가 활동했던 남양주 불암산을 찾았다. 주로 돌산으로 이뤄진 불암산은 동굴이나 큰 바위 등 은거할 곳이 많았고, 적들의 동태를 살피기 유리한 지형이 갖춰져 있었다. 유격대가 은거지로 활용했던 동굴은 모두 3곳으로, 물자 지원 시 경계기지로 활동하던 첫 번째 동굴은 입구가 매우 좁아 사람이 드나들기 어려웠다.

두 번째 동굴도 들어가기엔 입구가 좁았지만, 내부에 들어섰을 땐 사람이 일어설 수 있을 정도로 넓었다. 세 번째 동굴 역시 입구는 좁았으나 규모가 커서 유격대의 은거지로 활용됐다. 또 동굴 내에서 음용 가능한 물을 확보할 수 있었고 정상과도 가까워 적의 움직임 파악과 이동에 용이했다.

하지만 무기는 열악하기 짝이 없었다. 생도들이 가지고 있던 소총과 수류탄, 9연대 소속 군인들이 소지한 기관총과 탄약이 전부였다.

호랑이 유격대는 이에 아랑곳하지 않고 1950년 7월 11일, 퇴계원역 북한군 보급물자 적치장 습격을 시작으로 본격적인 유격전을 시작했다. 작전에 앞서 대원들이 사전 정찰을 통해 적치장 규모와 병력, 위치 등을 파악한 덕분에 보급품을 불태우고 북한군 30여 명을 사살하는 성과를 올렸다. 하지만 철수 과정에서 1기 생도 2명과 2기 생도 1명이 전사했다.

이어 7월 31일에는 서울 창동국민학교와 인근 북한군 수송부대, 보안소를 공격했다. 김만석 중사 등 유격대원 6명이 참여해 숙영지와 보안부대 사무실을 공격해 적군 일부를 사살하고 보급 차량을 폭파했으나 작전을 이끌던 김만석 중사가 북한군의 추격으로 전사했다.

세 번째 전투는 생도들의 모교인 육군사관학교를 습격하는 것이었다.

당시 육사 교정은 북한군 의용군 훈련소로 활용되고 있었는데, 유격대는 강제로 끌려온 사람들을 탈출시키기로 하고 구체적인 공격 경로부터 철수 계획까지 세세하게 준비했다.

8월 15일, 유격대원 15명은 밤을 틈타 기습 공격을 감행했다. 교도대와 생도대에 수류탄과 화염병을 던지고 기관총을 난사해 북한군 50여 명을 사살했다. 하지만 이 과정에서 김동원 유격대장을 비롯해 6명이 전사하는 피해를 입었다.

살아남은 대원들은 북한군이 불암산을 수색할 것을 우려해 반공 인사 은거지가 있는 수락산으로 거처를 옮겼다. 유격대는 한 달여 동안 이곳에서 지내며 전력을 정비한 뒤 인천상륙작전이 시작된 9월 15일 불암산으로 돌아왔다.

이때 북한군이 유엔군과 국군의 공격에 대비해 주민들을 북쪽으로 끌고 간다는 첩보를 듣게 됐다. 하지만 대원들이 가지고 있던 무기는 소총과 약간의 실탄이 전부였다. 조영달 유격대장은 고민 끝에 9월 21일 밤 구출 작전을 펼치기로 하고 내곡리 마을 근처에 매복하며 북한군 수송대를 기다렸다.

마침내 수송대가 등장하자 호송 차량을 공격하면서 주민들의 대피를 유도했다. 이 작전으로 북한으로 끌려갈 뻔한 주민 100여 명을 구출했지만, 중상을 입은 강원기 생도를 제외한 나머지 대원들은 모두 전사하고 말았다.

심호섭 육군사관학교 교수는 "유격대원들은 인천상륙작전 이후 곧 아군과 동료를 만날 수 있다는 기대에도 '북한군에 끌려가는 사람들을 구해야 한다'는 사명을 선택했다"며 "불암산 호랑이 유격대가 전세에 영향을 주진 않았지만, 나라를 위한 희생정신으로 끝까지 저항했다는 점에서 큰 의의를 찾을 수 있다"고 말했다.

3개월여에 걸친 호랑이 유격대의 활약은 대원 중 유일한 생존자였던 강원기 생도를 통해 처음 세상에 알려졌다. 그가 병상에서 동기생들에게 전한 이야기는 나중에 책을 통해 소개됐다. 강 생도는 이후 부상 후유증으로 1951년 세상을 떠났다. 또 1996년에는 김한구 석천암 주지의 손자 김만홍 씨가 어린 시절 자신이 유격대원들의 은거지 동굴로 물과 식사를 전해 줬다고 증언했다.

유격대 활동이 재발굴되면서 전쟁 도중 실종된 줄로만 알았던 유가족들도 사실을 접하게 됐다. 김동원 생도의 여동생은 "40여 년 만에 오빠 소식을 들을 수 있어 감사하다"는 편지를 전하기도 했다. 1996년 육사는 대원들의 졸업식과 명예임관으로 그들의 활동을 기념했다.

심호섭 교수는 "증언과 탐사 등을 통해 유격대 활동이 알려졌지만, 이들의 구체적인 활약을 알 수 있는 자료가 많지 않다"며 "앞으로 자세한 연구와 자료 발굴이 이뤄졌으면 하는 바람"이라고 말했다.

11. 나라장터 보행매트 시중보다 2배 비싸*

나라장터 보행매트, 시중 가격의 2배.. 지자체 혈세 운영에 '부담'

comment

내용은 좋은데 제목이 길다. 제목은
간결하게 할수록 전달효과가 크다.

복수의 업체들, "관급 금액은 일반가의 '2배' 받아"
"조합이 가격선 정해 임의로 가격 내릴 수 없어"

조달청 나라장터 종합쇼핑몰에 등록된 보행매트(일명 야자매트) 가격
이 시중 가격의 2배 이상 거래되고 있어 수년간 혈세 운영에 부담이 되
고 있다.

comment

이 문장은 전형적인 발생 스트레이트 기사 형식이다. 현장탐방기사와는 형식이
다르다. 이 자리에 보행매트(야자매트) 관련 현장을 찾아 묘사하는 문장 3개
정도를 넣어야 현장탐방기사의 성격을 살릴 수 있다. 현장 문단 뒤에 2번째
문단의 보행매트 소개로 가면 금상첨화다.

보행매트가 사용되기 시작한 것은 는 지난 2009년. 제주도 오름사업을
계기로 관내 공원, 등산로, 산책로 등에 설치돼 주민들의 안전한 보행을 돕
는다. 자연부식되며 토양오염도 방지할수 있는 야자 매트가 주를 이룬다.
필수 자재로 주로 야자매트를 사용하며 이동로의 가로길이에 따라 구별해
공사 편의성을 위해 롤 형태로 납품된다.

---

* 총평: 현장의 문제점을 잘 찾아내 지적한 훌륭한 탐사보도 기사다. 취재도 꼼꼼하다. 단지
보행매트가 설치된 산책로나 보행매트 판매장 같은 현장부터 시작하지 못한 아쉬움이 남
는다. 문장이 전반적으로 길다. 가급적 짧게 줄이면 좋다.

보행매트(야자매트)는 자연 부식돼 토양오염도 방지할 수 있는 장점이 ~~있~~하지만 보행자들의 이용 빈도에 따라 짧게는 2년에서 길게는 5년 사이에 재시공하기 때문에 신규설치, 유지보수 등으로 매해 수 십억원의 예산이 들어간다~~발생한다~~.

물론 보행자의 안전을 위해 감수해야 하는 비용이지만 이 같은 문제는 ~~시중제품보다~~에서 직접 구매가 가능한 가격과 조달청 나라장터 종합쇼핑몰 구매가격의 ~~하한선이~~ 2배 이상 비싸다는 점이다~~차이가 난다는 점에 있었다~~.

이 단락부터는 현장 실태를 잘 설명해주고 있다.

2년 주기로 보행매트를 교체하~~는고 있다고~~ 밝힌 A지자체의 한 공무원은 "예산문제로 조달청을 통하지 않고 단가가 저렴한 관내 업체에서 직접 구매하고 있다"고 밝혔다.

또 "등산로가 아닌 도심지 일부 녹지에 사용하기 때문에 2년마다 주기적으로 교체하고 있다"며 "시예산은 한정돼 있고,~~어~~ 조달청 금액은 비싸~~가격부담이 있고 예산은 없어~~ 다른 부서에서 보행매트를 빌려 쓰기도 한다"고 ~~문제를~~토로했다.

조달청은 '중소기업제품 구매촉진 및 판로지원에 관한 법률'에 따라 지난 2018년부터 국내에서 제조기계를 갖춘~~추고 야자매트를 제작한~~ 업체들와 제품만을 나라장터 종합쇼핑몰에서 판매하도록 규정하고 있다. '중소기업제품 구매촉진 및 판로지원에 관한 법률'에 따라서다.

하지만 본지가 나라장터에 등록된 복수의 업체를 취재 한 결과 보행매트의 금액 차이는 실제 했다.

> 조달청 나라장터에 등록된 B업체는 ~~본지와의 통화에서~~ "직접 제작한 국내산 제품의 직거래 금액은 직접~~자신들어~~ 결정한다"며 ~~하는 반면~~ "조달청에 등록된 금액(납품단가)은 관급금액이라 일반 판매가보다~~와~~ 2배 비싸게 ~~카격애~~ 납품한다"고 말했다.

comment

> 이 단락은 현장 문제를 잘 설명하고 있다. 이어 그 배경원인이 무엇인지를 그 다음 문단에서 잘 짚어 줬다.

그 이유에 대해~~아아 이러한 가격 차이에 대해서~~ "조합이 가격선을 정해 조달청 가격은 ~~자신아~~ 임의로 내릴 수 없~~는 상황~~다"라고 답했다.

C업체의 경우는 "저희(업체)홈페이지에 등록된 금액은 조달청에서 클릭하는 금액(납품단가)이라 비싼 것"이라며 "실제 고객에게 판매하는 제품은 조달청 금액보다 50% 가까이 저렴하다"고 털어났다.~~한 카격으로 재시했다.~~

> 보행매트 업체들의 이 같은 판매행위는 조달청 내의 합리적 가격경쟁과 공정입찰을 방해하는 담합행위다. ~~애 해당하며~~ 나아가 국민의 혈세로~~를 이용해~~ 부당이득을 챙기고 있는 셈이다.

comment

> 배경 원인에 이어 혈세가 새고 있다는 문제의 본질을 잘 찾아냈다. 고발성 현장 탐방기사의 취재와 기사작성 기법을 충실히 따랐다. 첫단락의 현장 묘사 보강이 필요하다.

또한 조달사업법 제13조 2항에 조달청 등록업체들은 '납품가격을 직접 판매 금액과 같거나 해당 가격보다 낮게 유지해야 한다'고 명시돼 있어 조달청 계약위반이다. ~~애도 포함된다.~~

이에 조달청 관계자는 "조달사업법 ~~우대가격 유자의 의무에 따라~~ 등록업체들이 나라장터 쇼핑몰 납품가격과 달리 저가로 판매한 것이 확인되면 위반내용과 관련해 거래정지 처분을 취할 것"이라고 경고설명했다.

또한 "확인된 해당 제품들의 납품금액을 시장 거래가격으로 인하하고 부당이득은 환수 조치할 것"이라고도 밝혔다.

[단독] 나라장터 보행매트, 시중 가격의 2배..
지자체 혈세 운영에 '부담'

복수의 업체들, "관급 금액은 일반가의 '2배' 받아"
"조합이 가격선 정해 임의로 가격 내릴 수 없어"

조달청 나라장터 종합쇼핑몰에 등록된 보행매트(일명 야자매트) 가격이 시중 가격의 2배 이상 거래되고 있어 수년간 혈세 운영에 부담이 되고 있다.

보행매트는 지난 2009년 제주도 오름사업을 계기로 관내 공원, 등산로, 산책로 등에 설치돼 주민들의 안전한 보행을 돕는 필수 자재로 주로 야자매트를 사용하며 이동로의 가로길이에 따라 구별해 공사 편의성을 위해 롤 형태로 납품된다.

보행매트(야자매트)는 자연 부식돼 토양오염도 방지할 수 있는 장점이 있지만 보행자들의 이용 빈도에 따라 짧게는 2년에서 길게는 5년 사이에 재시공하기 때문에 신규설치, 유지보수 등으로 매해 수 십억원의 예산이 발생한다.

물론 보행자의 안전을 위해 감수해야 하는 비용이지만 이 같은 문제는 시중에서 직접 구매가 가능한 가격과 조달청 나라장터 종합쇼핑몰 구매가의 하한선이 2배 이상 차이가 난다는 점에 있었다.

2년 주기로 보행매트를 교체하고 있다고 밝힌 A지자체의 공무원은 "예산문제로 조달청을 통하지 않고 단가가 저렴한 관내 업체에서 직접 구매하고 있다"고 밝혔다.

또 "등산로가 아닌 도심지 일부 녹지에 사용하기에 2년마다 주기적으로 교체하고 있다"며 "시예산은 한정돼 있어 조달청 금액은 가격부담이 있고 예산은 없어 다른 부서에서 보행매트를 빌려 쓰기도 한다"고 문제를 토로했다.

조달청은 '중소기업제품 구매촉진 및 판로지원에 관한 법률'에 따라 지난 2018년부터 국내에서 제조기계를 갖추고 야자매트를 제작한 업체들의 제품만을 나라장터 종합쇼핑몰에서 판매하도록 규정하고 있다.

하지만 본지가 나라장터에 등록된 복수의 업체를 취재 한 결과 보행매트의 금액 차이는 실재 했다.

조달청 나라장터에 등록된 B업체는 본지와의 통화에서 "직접 제작한 국내산 제품의 직거래 금액은 자신들이 결정하는 반면 조달청에 등록된 금액(납품단가)은 관급금액이라 일반 판매가의 2배 가격에 납품한다"고 말했다.

이어 이러한 가격 차이에 대해서 "조합이 가격선을 정해 조달청 가격은 (자신이) 임으로 내릴 수 없는 상황이다"라고 답했다.

C업체의 경우는 "저희(업체)홈페이지에 등록된 금액은 조달청에서 클릭하는 금액(납품단가)이라 비싼 것"이라며 실제 고객에게 판매하는 제품은 조달청 금액보다 50% 가까이 저렴한 가격으로 제시했다.

보행매트 업체들의 이 같은 판매행위는 조달청 내의 합리적 가격경쟁과 공정입찰을 방해하는 담합행위에 해당하며 국민의 혈세를 이용해 부당이득을 챙기고 있는 셈이다.

또한 조달사업법 제13조 2항에 조달청 등록업체들은 '납품가격을 직접 판매 금액과 같거나 해당 가격보다 낮게 유지해야 한다'고 명시돼 있어 조달청 계약위반에도 포함된다.

이에 조달청 관계자는 "조달사업법 우대가격 유지의 의무에 따라 등록업체들이 나라장터 쇼핑몰 납품가격과 달리 저가로 판매한 것이 확인되면 위반내용과 관련해 거래정지 처분을 취할 것"이라고 설명했다.

또한 "확인된 해당 제품들의 납품금액을 시장 거래가격으로 인하하고 부당이득은 환수 조치할 것"이라고도 밝혔다.